책은 미래다

책은
미래다

초판 1쇄 발행 2016년 4월 15일
초판 2쇄 발행 2017년 1월 1일

지 은 이 금주은
발 행 인 권선복
편   집 김정웅
디 자 인 이세영
마 케 팅 권보송
전 자 책 천훈민
발 행 처 도서출판 행복에너지
출판등록 제315-2011-000035호
주   소 (157-010) 서울특별시 강서구 화곡로 232
전   화 0505-613-6133
팩   스 0303-0799-1560
홈페이지 www.happybook.or.kr
이 메 일 ksbdata@daum.net

값 15,000원

ISBN 979-11-5602-367-8   03190

도서출판 행복에너지는 독자 여러분의 아이디어와 원고 투고를 기다립니다. 책으로 만들기를 원하는 콘텐츠가 있으신 분은 이메일이나 홈페이지를 통해 간단한 기획서와 기획의도, 연락처 등을 보내주십시오. 행복에너지의 문은 언제나 활짝 열려 있습니다.

책은 미래다

금주은 지음

도서
출판 행복에너지

독서는 삶을
풍성하게 해 주는 힘

오지혜
『그들은 어떻게 강남부자가 되었는가』 저자

책은 인생의 좌표에 어떤 길로 가야 할지 알려주는 내비게이션과 같다. 강남 지역의 **VVIP**의 자산 관리를 하는 나에게 책은 새로운 길로 안내하는 보물 지도다. 변화하는 세상을 읽어낼 수 있는 능력이 성과에도 영향을 미치는 만큼 독서는 세상을 리딩하게 하는 원동력이 된다.

직장 생활을 10년 이상 한 나에게 책은 사색의 힘을 길러 주는 가장 좋은 친구다. 새로운 아이디어가 필요할 때 영혼의 비타민이 되어 생각의 불꽃을 지펴 준다. 경쟁이 심화된 사회를 이겨 내고 은퇴 이후에 원하는 삶을 살기 위한 준비를 하기 위해서는 마음의 힘으로 분별하는 능력이 더욱 중요해지고 있다.

현대인들은 혼자만의 시간을 두려워한다. 그래서 끊임없이 미디어에 접속되어 있거나 누군가와 함께 시간을 보내려고 한다. 하지만 이렇게 시간을 보내면 공허함이 커지게 된다. 자신의 내면의 깊이와 자아를 발견하고자 한다면 '혼자만의 시간'을 어떻게 보내는지에 따라 인생의 방향은 달라진다.

많은 사람들이 어제보다 오늘은 더 나은 삶을 살고자 한다. 하지만 방법을 몰라서 시도를 하지 못하는데 이때 나만의 진짜 자산을 발견한다면 숨겨진 보물을 찾을 수 있다. 보물을 찾기 위해 다양한 방법을 시도하고자 한다면 자신을 발견할 수 있는 사색이 도움이 된다. 이처럼 독서는 직장인들에게 풍성한 삶을 살아갈 힘을 얻게 해 주는 나침반 역할을 한다.

이 책을 통해서 독자들이 자신의 삶에 대한 열정의 온도를 높이고 현재와 미래를 연결하는 데 있어서 독서가 주는 힘을 경험할 수 있는 시간이 될 수 있기를 바란다.

독서에 흥미를
느끼게 해 주는 책

조기호
㈜제이앤드제이글로벌 잠뱅이 CFO

볼테르는 "아무리 유익한 책이라도 절반은 독자가 만드는 것이다." 라고 했습니다. 독자는 우선 책과 인연이 닿아야 합니다. 직접 손에 잡히지 않으면 읽을 수 없고 설령 곁에 있더라도 감정이 통하지 않으면 읽지 못하기 때문입니다.

가끔 귀하고 소중한 책이 흙 속의 진주처럼 발견될 때도 있고 우연히 만나게 되는 경우도 있습니다. 독자가 금주은 작가의 『책은 미래다』를 발견하는 그 순간 바로 흙 속의 진주를 발견하는 것과 같을 것이라고 생각합니다. 아직 독서에 흥미를 느끼지 못했던 직장인, 책 읽는 방법을 잘 몰라서 어떻게 읽어야 할지 망설이는 독자, 책을 통해 자신의 미래를 꿈꾸는 독자들이 꼭 읽어야 할 책이기 때문입니다.

역사학자 바바라 터크만Barbara Tuchman은 책을 이렇게 묘사했습니다. "책은 문명의 전달자이다. 책 없이는 역사는 침묵하고, 문학은 언어장애인이며, 과학은 절름발이이고, 사상과 사색은 정체된다. 책이 없었다면 문명의 발달은 불가능했을 것이다. 책은 변화의 동력이고 세상을 내다보는 창문이며 시간이라는 바다에 세워진 등대이다. 책은 동반자이고, 스승이고, 마술사이며, 마음의 보물을 관리하는 은행가이다. 인류를 인쇄하는 것, 그것이 바로 책이다."라고.

금주은 작가를 보면 탤런트 전미선 씨를 쏙 빼닮은 미모로 커리어우먼답게 햇살 밝은 가을날 은은한 장미 향을 발산하며 빨간색 정장 코트에 예쁜 하이힐을 신고 또각또각 당당하게 걸어가는 모습을 연상하게 됩니다. 중국 유학을 다녀온 후 오랜 기간 직장인으로서 자신의 경험을 바탕으로 쓴 이 책은 자기 생각을 소곤소곤 속삭이는 듯한 느낌을 줍니다. 이것이 바로 이 책을 잡는 순간 놓고 싶은 생각이 사라지는 이유입니다.

금주은 작가의 『책은 미래다』, 이 책이 독자 여러분의 벗이 되어 미래를 동행할 수 있기를 기대해 봅니다.

Prologue

나는 이렇게 생각한다. 책은 언제나 미래라고. 과거를 돌아보는 일도, 현재에 충실하려는 것도 사실은 더 나은 미래를 꿈꾸기 때문이 아닐까 한다.

회사를 옮기면서는 의욕을 상실했고, 회사를 장기간 별생각 없이 다니면서는 특별한 미래를 꿈꾸지 않았다. 책과 보내는 시간이 늘어나면서 책을 통해 꿈이라는 것이 필요하다는 것을 절감했다. 그런데도 왜 꿈꾸기를 주저했을까? 왜 도전하기를 주저했던 것일까? 무엇을 지키려고 제자리에 서 있었던 것일까? 왜 꿈꾸기를 두려워했던 것일까?

책을 읽으며 내가 그나마 알게 된 사실은 내가 그렇게 지키려고 애썼던 '그 무엇'이라는 것은 아직 내게 존재하지 않았으며 내가 가진 것

또한 새로운 일에 도전하기를 주저할 만큼 많은 것이 아니었다는 사실이었다. 그래서 나는 어렸을 때부터 꿈꿔 오던 작가에 도전했고 또 코칭에도 도전했다. 내가 두려워하던 것, 하고 싶지만 엄두가 나지 않던 일들을 조금씩 하고 있는 중이다.

아직도 회사원으로서의 내 삶이 크게 달라진 것은 없다. 다만 여타 회사원들과 조금 다른 점이 있다면 정해진 시간에 근무를 하지만 주말이나 저녁 시간에 중국어 코칭을 하고, 내가 필요한 곳에 가서 짧은 강연을 하거나 책을 내기 위해 고군분투하는 등 벌여 놓은 일이 조금 더 많아졌다는 것뿐이다.

몇 달 전에 나는 약간 우울해 있었다. 하고 싶은 일에 비해 내 능력이 많이 부족하다는 자괴감에 빠지고 만 것이다. 며칠을 고민하고 또 고민했지만 혼자 하는 고민에 역시 그 고민을 풀어 줄 실마리는 없었다. 다시 책으로 돌아갔다. 내가 하는 고민의 의미조차 모른 채 이쩔 수 없이 책으로 돌아온 느낌이 즐겁지는 않았다. 『马云的哲学』 마윈에 관한 중국어 원서였다. 많은 부분이 와 닿았지만, 당시에 가장 와 닿았던 부분은 主见주견—바로 자기의 확고한 의견이나 신념에 관한 부분이었다.

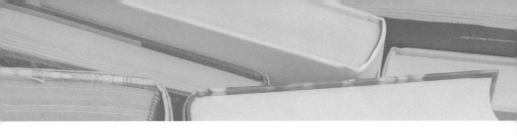

　결국 내가 두려워했던 것은 어렵사리 가진 꿈과 목표에 대해 아직 확신이 없다는 것이었다. 꿈이 있어도 천 번이고 만 번이고 흔들릴 수 있다는 것을 다시금 실감하는 순간이었다. 이런 시점에서 지금 내가 할 일은 드림 리스트의 목록을 늘려 가는 것이 아니고 바로 나약해진 내 마음을 다잡는 것이었다. 이때에는 여러 작가님들, 친구들과 대화를 나누며 힘을 받았다. 역시 책과 좋은 사람, 이 두 가지의 조합만큼 훌륭한 해결책이 없다는 것을 다시 한 번 느끼는 순간이었다.

　직장인이나 스트레스가 많은 사람일수록 좋은 책과 좋은 사람이 필요하다. 책은 자기 자신도 몰랐던 내면을 들여다볼 수 있는 거울의 역할을 할 뿐만 아니라 꿈에 대해 진지한 생각을 할 수 있는 기회를 제공하기 때문에 필요하고, 좋은 사람이 필요한 이유는 여러 가지가 있겠지만, 무엇보다도 마음을 나눌 수 있기 때문이다.

　꿈이 있는 사람이라면 더욱 책과 좋은 사람, 이 모두를 가까이해야 한다. 사람과의 교류는 앞으로의 일에 도움이 되며 책과의 시간은 지식을 쌓는 것뿐만 아니라 여러 간접경험을 통해서 진짜 자신이 추구하는 삶이 무엇인지 고찰할 시간을 함께 제공해 줄 것이다.

　끝으로 책이 나오기까지 응원해 주신 가족들과 추천사를 써 주신 오지혜 작가님, 청바지로 유명한 잠뱅이의 조기호 이사님 그리고 행복에너지 권 대표님께도 꼭 감사의 말씀을 드리고 싶다.

1장 • 입사 후 3년,
지금 이대로 괜찮을까?

2장 · 위기를 기회로 바꾸는 독서

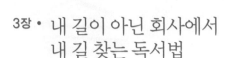

3장 · 내 길이 아닌 회사에서 내 길 찾는 독서법

입사 후 3년,
지금 이대로 괜찮을까?

월급에 중독되어 가는 나,
정말 괜찮을까?

한 기사에 따르면 우리나라의 2014년 직장인 평균 연봉은 3,172만 원을 약간 웃돈다. 솔직히 말하면 이것이 평균이 맞나 싶을 정도로 내 예상보다 다소 높았다. 현재 자신이 받는 월급이 통계의 평균 이상이든 이하든 상관없이 계속해서 들어오는 월급은 일상생활과 마음, 이 두 가지 모두를 안정시킬 수 있는 가장 좋은 도구이다. 먹고살고자 하는 것은 무엇보다 중요하다. 사람이 살아가는 데 있어서 모든 일의 시작은 잘 먹고 잘살아 보려고 하는 것이기 때문이다.

월급이 들어오면 내가 먼저 그 액수를 확인하기도 전에 카드사나 보험사 등에서 곶감 빼먹듯 쏙쏙 빼가기는 하지만 그조차 감사한 적도 있다. 그런데 월급이 주는 감사함을 잊어갈 정도로 안정되어 가면 왠지 영원히 이 정도의 액수는 항상 내 통장으로 들어올 것만 같은 착각에 빠져들 때도 있다. 그리고 현재의 월급으로 생활할 수 있는 이

패턴에서 벗어나고 싶지 않은 마음이 생기는 것도 사실이다. 이렇게 그 안정에 물들어 갈 때, 정확히 말하면 조금 더 물들어 가고 싶을 때는 이미 적신호가 켜진 것이다.

갈수록 치열해지는 경쟁 속에서 입사나 이직은 점점 힘든 일이 되었다. 나는 한때 이력서조차도 통과하지 못하는 회사가 생겨나자 가슴 속을 파고드는 실망감에 어찌해야 할 바를 몰랐다. 좋은 회사는 자신감 부족으로 포기하고 다른 작은 회사에 입사했었지만 맞지 않는 곳도 있었고, 회사 경영난으로 쫓겨나다시피 나온 회사도 있었다. 그리고 마침내 제대로 일할 수 있는 회사에 다니게 되어 기쁨을 누린 적도 있다.

보통 어려운 관문과 상황을 이기고 입사에 성공하면 회사의 규모와 상관없이 회사를 아끼고 사랑하겠노라 다짐하며 일을 시작하게 된다. 그렇다. 처음에 회사에 입사했을 때에는 분명 그 회사의 제갈공명이나 스티브 잡스가 되어 보겠노라고 결심도 하고 이 회사가 내 마지막 직장인 것처럼 몸이 부서져라 일하겠노라고 다짐하고 또 다짐한다.

하지만 시간이 지남에 따라 일이 손에 잡혀 업무 처리가 빨라지고 사람들과의 관계가 익숙해져 가면 점차 "안정"이라는 단어가 내 삶을 좌지우지하게 되는 순간이 온다. 이 단어는 직장에서 투지를 불사르는 사람들의 마음속에 서서히 스며든다. 특히나 요즘같이 내 눈의 한 치 앞조차도 예측이 불가능하고 어려운 시기일수록 안정적으로 월급이 나오는 곳에서 일한다는 것은 행운이다. 하지만 그만큼 월급이 주는 기쁨에 쉽게 빠질 수 있기도 하다.

　나도 월급이 주는 달콤함에 빠져 본 적이 있다. 많은 돈을 손에 쥔 것은 아니지만, 월급 덕분에 적금도 부을 수 있었고 가끔 여행도 다니고 뮤지컬을 본다든지 하는 문화생활도 마음껏 할 수 있으므로 이러한 생활이 지속되기를 바랐다. 하지만 생각해 보면 권고사직을 받은 적도 있는 내가 다시 이러한 월급이 주는 안정 속에 숨어 있으려고 했다니 생각하면 할수록 아이러니하기도 하다.

　실질적으로 "안정"이라는 단어가 어울리는 곳은 점차 사라져 가고 있다. 회사는 회사대로 어려울 때마다 구조조정이라는 이유로 사원들의 목숨 줄을 놓아 버리기 일쑤이다. 또한, 취업 포털사이트 잡코리아는 국내 매출액 상위 500대 기업 중 조사에 응한 240개사를 대상으로 '2016년 상반기 4년제 졸 정규 신입직 채용 계획'에 대해 1대 1 전화 설문 조사를 실시했다. 설문에 참여한 기업 중 대졸 신규 공채를 진행하는 기업은 86개사로 35.8%밖에 되지 않았다.
　반면 112개사46.7%는 올 상반기 대졸 정규 신입직 채용 자체가 아예 없었다. 아직까지 채용 진행 여부를 결정하지 못한 기업도 42개사17.5%나 된다.

　작년에 들었던 말 중에 가장 충격적인 말은 권고사직의 나이가 이제 39세로 내려왔다는 말이었다. 물론 기사나 뉴스를 통해서 이러한 소식을 심심찮게 접해 왔던 것은 사실이다. 하지만 "사오정", "오륙도"라는 말이 생긴 지 몇 년 되지도 않은 것 같은데 권고사직 나이가 39세까지 내려왔다는 소식에 "안정"이라는 단어가 이제는 정말 사라져 가고 있다는 것을 체감할 수 있었다. 이는 내 나이가 올해 35살이 되어서 더 가까이 와 닿았기 때문이기도 하다. 40대도 마찬가지지만 30대 후반이면 그동안 쌓아올린 경험과 이력으로 열심히 일하면서 노하우를 녹여낼 수 있는 나이인데, 점점 막다른 상황으로 몰리는 경우가 적지 않다.

결국 월급에만 의존하고자 하면 그 월급조차 받을 수 없을 수도 없는 시대가 된 것이다. 이제는 월급이 주는 안정에서 벗어나 생존의 길을 모색해야 한다. 월급이 안정감을 주고 있는 이때야말로 월급으로 무엇인가를 해야 할 때이다.

직장인 P 씨 역시 입사할 때는 좋은 회사에 입사한 만큼 큰 의지로 불끈불끈하던 사내였다. 하지만 월급이라는 꿀물 같은 유혹에 취하다 보니 어느샌가 수동적으로 일하게 되었다. 자신이 최선을 다하지 않아도 어차피 월급은 나온다는 것을 알게 된 것이다.

그 후 그는 시키는 일만 하게 되고 자기 업무 외외 업무를 할당받으면 그것이 아무리 작은 일이라고 해도 내키지 않아했다. 다른 동료들은 자기 업무가 조금 일찍 끝나거나 한가하기라도 하면 바쁜 동료의 일을 거들기도 했지만 그는 그렇게 하지 않았다. 업무를 더 할당받거나 다른 동료를 도와준다 하더라도 자신이 받을 월급의 액수는 같으므로 그는 굳이 나서서 자신을 귀찮게 하고 싶지 않았다.

그는 많은 일을 하지 않고도 지금의 월급을 받을 수 있다면 그것이 최고라고 생각했다. 심지어는 이것이 똑똑한 일이라고도 생각했다. 그런데 이러한 생각들이 꼬리에 꼬리를 물자 그의 마음은 점점 더 게을러지기 시작했다. 회사 가기 싫은 날이 많아지고 일에서 마음이 멀어지니 월급날을 제외하면 늘 찡그리거나 화난 얼굴로 회사에 출근하고는 했다. 하지만 다른 회사와 달리 탄탄하게 자신에게 정년까지 월급을 줄 것이라고 믿었던 회사는 큰 위기를 맞았고 P 씨는 가장 먼저 권고사직을 받았다. 그때 그는 회사에 "왜 하필 접니까?"라고 따질 수가 없었음을 고백했다.

샐러리맨을 의존형 인재라고 부르기도 한다. 회사에 살짝 기대어 그 회사에서 주는 돈에 의지해서 살기 때문에 붙여진 별칭이다. 의존하는 사람들은 대부분의 경우 항상 타인의 판단이나 주어진 상황에 휘둘리게 되어있다. 샐러리맨에게 월급은 현상 유지를 위해 의존할 수밖에 없는 가장 큰 버팀목이지만 심리적으로 이 월급에 지나치게 의존해서는 안 되는 이유는 바로 이것이다.

월급에 중독되면 헤어 나오기가 힘들다. 그 자리에서 그저 편하게 월급에 의존하며 살 수 있을 것 같기도 하고 월급이 주는 편안함 이외의 것에 대해서는 깊게 생각하고 싶지 않기도 하다. 그러다 결국 월급 자체에 대해 고마움마저 잊게 되고 만다.

가장 큰 문제는 월급에 안주하는 마음을 계속 내버려 두면 변화 자체를 두려워하는 사람이 되고 만다는 것이다. 직장도 사회도 가정환경도 모두 변할 수밖에 없는데 혼자서만 남이 주는 돈 자체에 안정을 추구하며 바랄 수 없는 노릇이다. 지금이라도 내가 월급에 얼마만큼 감사하고 있는지 되돌아보되 혹시라도 매달 나오는 금액에 중독되어 의존형 인재로 살아가고 있는지 살펴보아야 할 것이다.

어제와 다를 바 없는
오늘

　어김없이 맞춰 놓은 알람 소리에 벌떡 일어나지 못하고 다시 5분 후로 알람을 맞추고 침대에 눕는다. 5분이 5초처럼 짧은 것인지, 알람 소리는 또 내 단잠을 깨운다. 이번에는 알람을 3분 후로 늦추고 다시 자리에 눕는다. 하지만 3분 역시 3초보다 짧은 찰나의 시간으로 흐르며 단잠 속에 빠진 이를 다시 한 번 흔들어 깨운다. 이러한 패턴은 하루 이틀 반복되는 아침 풍경이 아니다. 직장인이라면 누구나 공감하는 일상이기도 하다.

　천근만근 힘든 몸을 이끌고 샤워를 마치고 아침을 먹는 둥 마는 둥 문밖으로 나서서 사람들과 섞여 만원 지하철에 오른다. 대부분의 사람이 이렇게 아침에 힘겹게 일어난 얼굴로 회사 갈 준비를 하고 자신을 돌아볼 새 없이 숨 가쁘게 회사로 향하는 것이 다반사다. 아침에 일어나기가 죽기보다 힘들어도 전날 회식 때의 과음으로 머리가 띵하거나 속이 좋지 않아도 출근길이 멀어도 사람들은 결국 회사로 향해야 한다.

그런데 항상 열심히 살아도 무언가 부족한 것 같다. 분명 자기 나름대로 최선을 다해 사는 것 같기는 한데 가끔은 가슴이 뻥 뚫린 것처럼 허전하고 채워지지 않는 것 같은 느낌이 드는 것은 왜일까?

그것은 현재 설정된 삶의 방향과 목표가 없기 때문이다. 주위를 둘러보면 사람들 모두 아주 열심히 살고 있다. 하지만 열심히 사는 사람 중 대다수는 그저 열심히만 살고 있다. 남들이 열심히 살고 있으므로 어쩔 수 없이 그들처럼 열심히 산다고 말은 하지만 실은 남보다 두 배로 노력하며 사는 사람들도 많다. 그러나 목표가 없으면 열심히는 헛된 일이 되고 만다.

일전에 한 여성이 내게 이런 질문을 했다. "저는 참 열심히 살고 있거든요. 남편하고 둘이서 맞벌이한다고 가정일에 소홀히 한 적도 없고, 시댁에도 정말 나름 최선을 다해 왔어요. 저는 정말 어디 가서도 당당하게 열심히 살고 있다고 말할 수 있어요. 그런데 왜 이렇게 허전하죠? 아직 아이들도 다 자란 것도 아니라서 내 품을 떠날 일도 없는데……."

그녀가 허전했던 것은 직장, 남편, 아이와는 상관없는 일이다. 하루하루가 매일 똑같은 삶 속에 있다 보면 열심히 살아도 열심히 산 것 같지도 않고, 자신이 주체적으로 살아가는 삶이 아니라 '살아지는 삶'을 사는 것 같은 느낌을 지울 수가 없기 때문이다. 어쩌면 그녀는 운이 좋은지도 모른다. 적어도 자신이 열심히 살고 있다는 것 하나는 알고 있으니 말이다. 왜냐하면 대부분의 사람은 그녀와는 반대로 늘 남과 비교해 가며 자신이 열심히 사는 것 같지 않아 더 열심히 살려고만 하고 있기 때문이다.

사례의 그녀가 자신이 열심히 살아온 것을 인식하고는 있지만, 그 것과는 별개로 여전히 허전함을 느끼는 것은 어제도 그렇고 오늘도 역시 자기 인생에서 추구하는 바가 명확하지 않기 때문이다. 아인슈 타인은 "어제와 같은 오늘을 살면서 다른 미래를 기대하는 것은 정신 병 초기 증세이다."라는 다소 강한 표현으로 다른 미래를 위해 오늘 당장 다르게 살기를 주문했다.

보통 열심히 살려고 하는 이유는 경제적으로 풍족하기 위해서이다. 남들보다 더 많이 갖고 일궈서 구체적인 성과를 이루려고 하지만 생 각만큼 쉬운 일은 아니다. 아무리 열심히 달려왔다 하더라도 눈에 보 이는 바가 없고, 손에 쥔 결과물이 없다면 자신이 한 노력이 모두 허상 이고 물거품이 된 것 같아서 더욱 의기소침해지기도 한다. 막연하게 내일도 열심히 살아야 한다고 생각하면 머리가 아파지고 얻지 못한 것을 얻기 위해 다시금 뛰어야 한다는 사실에 실망감도 찾아오기 마 련이다.

인생의 단계마다 천천히 하나씩 목표를 설정하고 자신의 삶과 선 택에 특별한 의미를 부여하며 사는 사람들은 막연하게 열심히 사는 사람들과는 조금 다르다. 그들은 긴 여정을 두고 인생을 보기 때문에 단순한 경제적 풍요와는 다른 중요한 의미를 가진 것들에 주목한다.

우선 목표가 뚜렷하기 때문에 더 큰 열정으로 목표를 향한 과정을 즐길 수 있고 그 속에서 찾은 기쁨이나 행복감도 남보다 높다. 그뿐만 아니라 가족이나 타인을 도우면서 느꼈던 보람이나 행복, 자신을 둘러싼 환경에 대해 감사하는 마음 등을 소중히 여길 줄 아는 것에도 그들은 목표만큼 큰 의미를 부여하며 자신만의 가치를 지키고 추구하는 방향으로 어제보다 나은 삶을 이끌어 나가기 위해 애쓴다.

특히 이들은 현재 상황이 조금 버거워도 무엇보다 꿈을 생각하며 그것을 잃지 않으려고 노력한다. 항상 자신이 무엇을 위해 열심히 살고 있는지 상기하고 있으므로 주어진 시간은 자신의 노력 여하에 따라 확연히 달라질 수 있다는 것을 확신한다. 그래서 이들에게는 사는 내내 같은 날이 있을 수 없다.

자신이 지향하는 가치와 확고한 목표만 있다면 어제와 같은 오늘은 없다. 하루하루가 같다고 느끼는 것은 살아가는 데 있어서 중요한 것이 무엇인지 생각해 보지 않고 살아왔기 때문이다. 이러한 고정된 습관과 관념은 자기의 몸과 마음을 잡고 있을 만하다. 그러니 그냥 "남들도 다 열심히 사니까 나도 열심히 살 수밖에 없다."라고 말하지 말고 무엇 때문에 나는 열심히 사는 것인지 대답할 수 있어야 오늘이 어제와 다른 날이 될 수 있다는 것을 알아야 한다.

끊임없이 마음이 허전하다면 자신의 어제와 오늘을 다르게 해 주는 무엇인가를 찾아야 한다. 주어진 여건 안에서 열심히 최선을 다하는 것은 당연한 일이다. 그러므로 '그 무언가'를 찾는 일이 더욱 중요한 것이다. 그 길만이 다음날에 '주어진 계단'을 오르기 위해 열심을 다시 반복하는 삶이 아니라 내가 설정한 방향으로 쌓아 올린 계단을 밟는 데 내 열심을 사용할 수 있는 유일한 방법이기 때문이다.

자신에게 일어나는 일들이 아무리 사소할지라도 늘 들여다보고 그것을 통해서 새로운 것을 느끼고 배우자. 하루를 충실히 살고 생각하는 것이 미래를 위해 스스로 노력하는 사람의 조건이다. 이렇게 하다 보면 자신의 미래가 어떤 모습일지 기대가 되고 설렘의 고동을 다시 느낄 수 있을 것이다. 그 설렘을 우리는 다른 말로 꿈이라 부른다.

지금 꿈이 있어 설레고 있는가?

어제와 다른 오늘을 살기 위해 이 물음에 꼭 답할 수 있기를 바란다.

회사는 개인이
성장할 수 없는 곳이다

얼마 전 한 TV 프로그램에서 사이좋은 부부의 사연을 접할 수 있었다. 남편은 탄탄한 외국계 회사에서 적지 않은 월급을 받던 사람이었고 아내는 전업주부였다. 하지만 직장생활에 대해서 내내 회의를 하고 있던 남편은 전공과도 무관하고 여태껏 해 왔던 업무와도 전혀 상관없는 일을 시작했다. 그는 가구 만드는 일을 배워 현재는 가구 디자이너로서 또 수강생에게 가구 제작 방법을 강의하는 강사로서 제2의 인생을 살고 있다.

남들이 다 부러워하는 회사를 그만두고 갑자기 전혀 다른 길을 가겠다는 남편을 응원할 수 있는 배우자가 얼마나 될까? 그런데 사연 속 아내는 회사를 그만두고 창업하겠다는 남편을 말리지 않았다. 오히려 남편의 일을 돕겠다고 가구 설계를 배웠다. 그야말로 부창부수.

둘이 합쳐 만든 긍정적인 에너지가 브라운관을 통해서 내게 전해졌다. 남편은 인터뷰에서 이전에 다니던 회사가 급여도 많고 좋기는 했지만 회사가 아무리 좋아도 개개인을 성장시킬 수는 없는 곳이라고 단언했다.

한 지인은 회사를 여러 번 옮겨야 했다. 모두 지인의 의사라기보다 회사가 경영난으로 문을 닫았기 때문이었다. 다행히 능력이 있던 그는 그때마다 좀 더 좋은 조건으로 옮겨 가긴 했지만 그 회사 역시 경영난을 이기지 못하고 쓰러졌다.

이렇게 몇 차례 회사를 옮기자 그가 받지 못한 총 급여 액수는 약 1,000만 원이나 되었다. 그에게 밀린 월급은 받았는지 물어보았는데 200만 원은 받았고 나머지 돈은 못 받을 것으로 생각하고 있다고 했다. 그가 가지고 있는 실력과 노하우가 만만치 않아서 그에게 프리랜서나 일인 기업으로 전향하는 것에 대해서 좀 알아보라고 한 적이 있었는데 그는 결국 재입사를 선택했다.

지금은 다행히 이전보다는 좀 더 탄탄한 회사에서 일하고 있다. 하지만 큰 회사든 작은 회사든 앞날을 점칠 수 있는 곳은 없으므로 언제까지나 회사에 자신의 운명을 맡길 수는 없는 일이다. 더군다나 요즘같이 장기 침체가 예측되는 시점에서는 신입 사원을 채용하지 않는 기업도 점점 늘어나고 있고 심지어 있는 직원도 어쩔 수 없이 내보내야 할 상황에 부닥친 기업도 많다.

한국금융연구원은 '2014년 금융 10대 트렌드'에서 세계 경제는 금융 위기 이전의 상태로 돌아가지 못하고 저성장·저금리·저물가의 '뉴 노멀 시대'를 맞을 것이며 우리나라는 고령화가 급속하게 진전되고 고용과 투자 부진으로 성장 잠재력은 악화할 것이라고 내다봤다.

또한 지속적인 공존을 위한 구조조정의 목적으로 가계 부채의 연착륙이 계속될 전망이고 기업 재무 건전성 문제가 대두하며 대기업과 중소기업의 구조조정 선제로 이루어질 것으로 예측하고 있다. 정부에서는 취업과 고용 등의 문제에 안간힘을 쓰겠지만 사실상 지금보다 나아지리라고 예측하는 사람은 거의 없다. 이제는 정부도 개인이나 한 사업체를 지켜줄 수 없는 구조가 되어가고 있다.

개인이나 조직은 서로를 위해 존재하는 것처럼 보인다. 하지만 이들의 목표는 전혀 다르다. 어떤 회사는 "우리가 선호하는 사람은 회사의 목표에 잘 따라주는 사람이다."라는 말을 하고는 한다. 회사 차원에서는 당연히 이런 사람이 직원으로 일하길 바랄 것이다. 하지만 회사의 존재 목적은 이윤 추구지만 개인의 목적은 각자 다르다. 사람마다 추구하는 삶의 방식이 다를 뿐만 아니라 중요하게 생각하는 이슈들이 같을 수가 없기 때문이다.

회사는 가끔 "회사의 주인은 사원"이라는 말로 직원들을 격려한다. 하지만 사실상 회사의 주인은 설립자나 주주일 뿐이다. 실제로도 회사원이 주인이 되는 일은 거의 없다. 직장은 직장일 뿐이고 일은 일일 뿐이다. 따라서 직장은 자신을 키우기 위한 교두보 역할을 하는 곳이라고 여기고 하루 종일 회사의 목표를 위해 전진하되 퇴근 후에는 자신의 목표에 충실할 줄 알아야 한다. 개인적 목표가 있는 사람이 회사에서의 일도 잘할 수 있기 때문이다.

패션 매거진 〈싱글즈〉 '대리는 회사의 미래다'에서 삼성전자, GS칼텍스, KT&G 등의 인사팀에서 최우수 등급을 받는 대리의 요건을 알려 주었다. 그 첫째가 "개인의 성장 목표가 있다."였고 다음이 "성장 목표를 매년 로드맵 등 구체적 계획으로 세운다."이다.

회사에서도 마냥 회사만 바라보며 월급이나 제때에 제공되기를 기대하는 직원보다는 자신의 성장 가능성을 키울 수 있는 개인적 목표가 있는 직원을 선호하는 것을 알 수 있다. 이는 회사가 개개인의 미래를 보장해 주지 않기 때문이기도 하며 개인적 목표가 뚜렷한 사람이 업무도 매섭게 잘 해내기 때문이다.

최근에는 많은 직장인이 퇴근 후나 주말을 이용해 회사에서 나올 때를 대비한다. 불안한 사회와 개인을 지켜줄 수 없는 조직에서 미리미리 자신의 갈 길을 발 빠르게 모색하는 사람들이 늘어나고 있다. 취미로 배웠던 뜨개질로 창업을 준비하거나 주말마다 몇 년씩 공부해온 어학 실력으로 마침내 번역가에 도전하는 사람들도 있다. 이들 모두 주말이나 퇴근 후에 자신이 하는 일을 방해 받지 않기 위해 주 중에는 회사에서 누구보다 열심히 일하고 그 후의 모든 시간에는 자기의 인생을 새롭게 꾸미려고 한다.

이제 직장인들은 회사가 자신을 끝까지 먹여 살려 주는 것은 아니라는 것을 점차 인식하고 있다. 회사를 나오게 되어 직함을 떼어 버리고 나면 자신이 과연 어떤 사람으로 불릴 수 있게 될 것인가에 대한 진지한 고민에서 비롯된 발 빠른 방향 전환이야말로 인생의 전환점을 마련해 줄 수 있다. 회사가 아무리 탄탄하고 자신이 남보다 더 큰 충성으로 목숨 바쳐 일했다 한들 사장이 아닌 다음에야 그 회사와 작별을 고해야 할 시점은 오기 마련이다.

　회사를 나와서는 더는 부장님도 아니고 이사님도 아니다. 이러한 직함을 바로 버리고 새로운 나를 만날 준비가 되어 있어야 하는 것이 현실이다. 직장 3년 차에게 이러한 현실은 다소 멀게 느껴질 수 있지만 지금처럼 예측 불가능한 시대에서는 3년 안에도 30년 동안 겪을 법한 풍랑과 위기의 바람이 찾아오기 마련이다.

　회사가 업무적인 커리어를 쌓게 해 주고 직업적인 만족과 함께 삶의 안정에 어느 정도 이바지한다는 것은 맞다. 이 점에 대해서는 분명히 회사에 고마움을 느껴야 한다. 하지만 이것은 어디까지나 내가 그 회사에 다니는 동안 적어도 쓰러지지 않을 때까지 혹은 구조조정을 당하지 않을 때까지는 그렇다는 말이다. 회사는 장기적으로 놓고 봤을 때에는 끝까지 함께 하기에는 '너무 먼 당신'이다. 그러니 회사에 다니고 안정을 느끼는 순간, 박수칠 때 떠날 수 있게 준비를 해야 한다.

　미래를 위해 어떤 준비를 하느냐는 개인마다 다를 것이다. 창업을 준비할 수도 있고, 이직이나 새로운 길로 도전해야 할 수도 있다. 이 때 중요한 것은 이번에야말로 자신이 가고자 하는 방향으로 제대로 고개를 돌리고 가고자 하는 길에 대해 더 많은 정보를 얻고 변화하는 세상에 대한 지식을 습득해야 하는 일일 것이다.

남의 인생이 아니다,
내 인생이다

가끔 자신을 방조하는 사람을 만나고는 한다. 현재 백수인 A 군은 명문대를 나와 미국 유학까지 다녀왔다. 어려서부터 공부를 잘했기 때문에 부모님의 절대적인 지지를 받았던 것은 당연했다. 하지만 어찌 된 일인지 한국에 귀국한 후에는 취업이 잘되지 않았다. 스펙이 좋았던 그는 의문을 품을 수밖에 없었고 몇 번 다른 대기업에 지원서를 넣고 면접 보기를 몇 차례 더 시도했다. 하지만 매번 마지막 고비를 넘지 못했고 이는 그에게 큰 좌절감을 안겨 주었다.

그는 결국 취직 자체를 포기하기에 이르렀다. 말은 포기한 것이 아니고 다시 때를 보는 것이라고 했지만 사실상 집에 있는 시간이 점점 늘어나고 채용 공고를 봐도 재도전할 엄두가 나지 않았다. 처음에는 아들이 더 좋은 회사에 취직할 수 있으리라 기대하면서 기다리던 부모님도 점차 지쳐갔다. 아들은 어느새 취업은 뒷전이고 자신이 만든 모임에 가입한 사람들과 만나기 위해 자주 집을 비웠다. 좋은 대학에 유학까지 뒷바라지해 주었던 그의 부모님은 이제 그가 대기업이 아니어도 좋으니 취직해서 돈이라는 것을 좀 벌어 보고 다른 평범한 사람들처럼 살기를 바라는 것 외에는 큰 바람이 없다.

그의 사연이 안타까운 이유는 그가 오로지 대기업만 바라보며 열을 올리다가 급격히 자신감을 상실하고 우회 도로를 찾지 못했다는 점이다. 물론 배운 바가 있고 투자한 돈이 있으니 남들 다 알고 있는 큰 기업에 취직해서 자랑스러운 자식이 되고 싶은 바람을 이해하지 못하는 것은 아니다.

나 역시 중국 유학을 다녀왔으니 남 보기에 좋은 직장에 취직해야 한다고 생각한 적이 있었다. 여러 번 고배를 마시고는 나를 포기하고 싶은 적도 있었다. 하지만 몇 차례 고배를 마셨으면 타인을 신경 쓰기보다는 현재 자신이 있는 위치를 파악하고 방향을 선회할 줄도 알아야 한다. '플랜 B'가 최선일 경우도 있다는 것을 꼭 염두에 두어야 한다. 그래야 그 다음을 준비할 수 있기 때문이다.

당시의 나 역시 다른 것을 생각하지 못했다. A 군처럼 취직 자체를 아예 포기한 것은 아니었지만 어설프게 여기저기 기웃거리다가 흘려버린 소중한 시간이 있었다.

이때 나는 처음에는 내 부족함을 탓했고 그다음에는 집안 탓, 환경 탓을 했다. A 군 역시 마찬가지의 행보를 거쳤을 것이다. 더군다나 그는 2년 동안 대기업 입사만 준비하다가 잘되지 않자 주저앉아 버렸고 취직 자체를 포기했다.

그는 아마 내가 방황했던 것보다 더 많은 시간 서서히 그 자신을 책망하고 원망하는 마음을 깊이 파 내려갈 것이며 집안 환경과 사회의 구조적 모순, 정부의 무능을 탓하면서 자신이 취직하지 못한 모든 이유를 외부 세계에서 찾으려고 혈안이 된 채 오랜 시간을 낭비하게 될 것이다.

남 탓만 하는 사람은 그것이 자신을 얼마나 비참하게 만드는지 시간이 지나야 비로소 깨닫게 된다.

우리는 고등학교를 졸업하게 되면 부모님이 이끄는 삶이 아니라 스스로 이끄는 삶을 살게 된다. 그것도 아주 갑자기 그렇게 되고는 한다. 다행인지 불행인지 우리나라의 부모님들은 자신들 눈에 흙이 들어갈 때까지는 자식을 책임져야 한다고 생각하신다. 조금 더 부모님의 뒤에 숨거나 주어진 환경을 탓할 수 있는 유예기간이 늘어나고는 한다. 하지만 이 기간이 늘어남에 따라 자기 인생을 책임지는 것에 혼란이 오는 경우가 있는 것도 사실이다.

잘 생각해 보면 학창 시절이나 어른이 되어서도 사실 부모님은 옆에서 도움만 주실 뿐 늘 자신을 책임져야 할 사람은 다름 아닌 자기 자신이다. 어른이 되면 다만 책임의 범위가 일부에서 온전히 내 것으로 늘어날 뿐이다. 이러한 막중한 책임을 스스로 짊어지기 위해 이미 성년의 날도 지나 졸업까지 해 놓고 사회생활을 하는 자신이 그다음을 위해서는 어떤 준비를 하고 있는지 생각해 볼 때가 왔다.

가장 큰 준비는 이것저것 닥치는 대로 배우러 다니는 것이 아니다. 우선 무엇을 위해 살아갈 것인지에 대해서 생각해 보는 것이다. 대학 시절에 취직 공부에 전념하느라 이런 생각을 하지 못했다면 지금부터라도 해야 한다. 혹은 남들보다 곱절 더 놀았다면 지금이라도 나를 위한 '그 무엇'이 무엇인지 찾아보아야 한다.

피로스는 그리스 북서부에 있는 에페이로스의 왕이었다. 작은 산골 마을의 왕이었지만 그는 당대의 강대국 마케도니아를 물리치고 신흥 강국으로 떠오른 로마 본토를 칠 준비를 하고 있었다. 이탈리아 출정을 앞두고 왕에게 그의 고문관인 키네아스가 물었다. "전하, 로마를 이기고 나면 다음에는 무엇을 하실 예정이십니까?" 피로스는 신나서 대답했다. "이탈리아의 주인이 되는 거지!" 키네아스는 또 물었다. "이탈리아도 정복하면 어떻게 되는 것입니까?"라고 묻자 "그다음에는 시칠리아 섬까지 차지해야지."라고 대답했다. 키네아스가 "그럼 시칠리아까지 정복하고 나면 전쟁은 끝입니까?"라고 묻자 피로스는 "아니지, 그다음엔 지중해를 건너서 카르타고로 가야지."라고 말했다. 이 말을 들은 키네아스는 이렇게 다시 물었다. "그러면 전 세계를 정복하게 되는 겁니까? 세계를 정복하고 나면 무엇을 하실 계획이

십니까?" 이에 피로스는 "그때는 편히 쉬어야지. 날마다 먹고 마시고, 내가 싸움에서 이겼던 신나는 이야기로 세월을 보내야지."라고 대답했다. 그러자 키네아스는 이렇게 말했다. "전하, 편하게 쉬는 거라면 지금도 할 수 있지 않습니까? 날마다 마시고 노는 것 역시 지금도 할 수 있지 않습니까? 전하가 싸움에서 이긴 무용담은 지금도 매일 밤을 새우면서 해도 모자라지 않습니까. 그런데 왜 로마를 쳐부수고, 이탈리아를 정복하고, 카르타고까지 건너가야 합니까?"

피로스의 가장 큰 약점은 자신이 왜 싸우는지를 모른다는 데에 있었다. 맹목적인 전쟁을 벌인 그는 '상처뿐인 영광'의 주인공이 되고야 말았다. 충실한 고문관인 키네아스의 말을 듣지 않고 로마 원정에 나선 후 그의 역사는 점차 내리막길에 들어서게 되었다. 결국 피로스는 소중한 인생을 모두 전쟁터에서 낭비했고 자신이 진정 무엇을 위해 이렇게까지 싸우는지 그 이유를 찾지 못해 몰락했다고 볼 수 있다.

내 인생의 주인은 나다. 남의 인생처럼 멀찌감치 서서 함부로 쓰거나 지나치게 눈앞에 서서 제대로 봐야 할 것도 보지 못한다면 자신만 손해 볼 뿐이다. 내 인생이 얼마나 소중한지를 스스로 자각할 수 있을 때에야 비로소 내일은 내가 어떤 선택을 해야 할지를 고려할 수 있다. 이때 책이 조언자가 되어 줄 수 있다.

책은 자신이 직접 투영되지 않고 여러 책 속의 사례나 주인공을 통해 간접 투영되기 때문에 그만큼 나를 객관적으로 바라볼 수 있는 거리가 생긴다. 그렇다고 나에게서 멀찌감치 떨어지지도 않는다. 내가 투영되었다는 말 자체가 이미 어느 정도 마음이 열렸다는 의미이기 때문이다. 이 상태에서 우리는 좀 더 다른 시각으로 내 인생을 관망할 수 있게 되며 내 인생의 어느 부분에서 자신이 소홀했는지를 확인할 수 있게 되는 것이다. 그러니 내 인생이 소중할수록 손에 책을 펼치자.

푹 빠질 무언가가
없다면 위기다

초등학교 때 여학생들 사이에서 공기놀이가 유행처럼 번진 적이 있다. 쉬는 시간만 되면 너나 할 것 없이 무조건 교실 마룻바닥에 삼삼오오 모여 앉아서 편을 갈라 공깃돌이 굴러가는 모습에 집중했다. 이 때문에 다음 수업 종이 울리고 선생님께서 교실에 들어온 것도 모르고 까르르 웃다가 선생님의 호통 소리에 후다닥 자리로 돌아가고는 했다. 하지만 꾸중을 듣는 그 와중에도 공기놀이는 정말 재미있었다.

사회생활을 하면서 유머 감각이 중요한 것을 새삼 느낄 때가 있다. 이야기를 하다 보면 한 시간이 어떻게 지나갔는지 모르게 빠져드는 이야기를 들려주는 사람이 있다. 이들의 이야기 실력은 그야말로 그 옛날 내가 온 정신을 빼앗겼던 공기놀이와 같다.

공기놀이에 푹 빠져 선생님에게 꾸중을 듣는다거나 어떤 사람의 유머에 혼이 쏙 빠지는 것은 바로 몰입해 있기 때문이다. 몰입하는 순간은 자신이 관심 있는 사항이나 사람 이외에는 아무것도 보이지 않고 들리지 않는다. 일 역시 마찬가지다.

　보통 직장 생활 초기에는 일을 빨리 배우려는 마음가짐으로 한 가지에 비교적 짧은 시간에 먼저 일을 익히고 체화하려하기 때문에 몰입이 잘된다. 하지만 업무와 만나는 사람들에 익숙해지다 보면 어느새 처리해야 할 일은 늘어나고 그동안 쌓인 노하우로 많은 일 처리를 해야 한다. 게다가 현재 하는 일에 대한 회의가 밀려오거나 무한 경쟁 사회의 속에서 심한 경쟁에 내몰리게 될 때는 도태되지 않기 위해 남들까지 신경 써야 한다. 힘든 사회 속에서 살아남으려고 고군분투하다 보니 우리는 점점 멀티 테스커가 되어간다. 그런데 멀티 테스커가 좋은 것만은 아니다. 다음의 실험은 우리가 왜 한 가지 일에 몰입해야 하는지 그 이유를 알려 준다.

　2009년 9월, 미국 스탠퍼드 대학의 연구팀에서 동시에 여러 가지 일을 하는 멀티 테스커들에 대해 실험을 진행했다. 연구팀은 각 대학교에서 멀티 테스커 100명을 선발해 그들에게 화면에 빨간색 사각형 2개를 연달아 보여 주면서 "빨간색의 위치가 옮겨졌는지 관찰하라."라고 주문했다. 빨간색 사각형 주변에는 파란색 사각형들이 있었다. 한 번에 하나에 집중하는 일반 학생들은 파란색은 무시하고 빨간색의 위치 변화를 알아내 비교적 문제를 쉽게 맞혔다. 그러나 멀티 테스커들은 일일이 파란색에 신경을 쓰느라 번번이 틀리는 것이었다. 그래서 연구팀은 다른 가능성을 열어 두었다.

'빨간색만 보라고 했는데 파란색까지 보다니, 혹시 멀티 테스커들은 여러 가지를 기억하고 정리하는 능력이 뛰어난 것이 아닐까?'

이런 가능성에 착안해 연구팀은 두 번째 실험을 진행했다. 실험 대상자들에게 알파벳 글자를 여러 개 보여준 뒤 같은 글자가 몇 번 겹치는지 세어 보게 했다. 일반 학생들은 쉽게 맞추었다. 그러나 멀티 테스커들은 실험을 할수록 틀리는 횟수가 늘어났다. 여러 개의 알파벳을 머릿속에 입력만 하고 저장하지 못했기 때문이다.

'단순 정리는 못할지 몰라도 한 가지 일에서 다른 일로 전환하는 능력은 뛰어날지 몰라. 아마도 변화가 많은 게임은 더 잘하지 않을까?'

연구팀은 마지막으로 실험을 한 번 더 진행했다. 학생들에게 연속적으로 숫자나 글자를 보여 주었다. 그리고 숫자가 나오면 짝수인지 홀수인지, 글자가 나오면 자음인지 모음인지를 맞추는 게임을 시작했디. 역시 이번에도 결과는 마찬가지였다. 하나에 집중하지 못하는 멀티 테스커들은 번번이 틀렸다. 실험을 진행한 클리포스 내스 교수는 이런 결론을 내렸다.

"멀티 테스커들이 특별한 능력을 갖추고 있을 것이라는 가설을 미리 세워두고 실험을 시작했지만 멀티 테스킹 능력이 뛰어날수록 주위가 산만하고 맡겨진 일의 완성도가 떨어진다는 것이 밝혀졌다." 그는 덧붙여 말했다. "멀티 테스커들은 쓸데없는 정보를 빨아먹는 유령과 같았다. 불필요한 정보를 걸러내야 문제를 풀 수 있는데, 그들은 외부적인 것에든 마음속에서 떠오르는 것이든 모두에 신경을 쓰느라 무엇 하나도 제대로 하지 못하는 산만한 사람들이었다."

산만해지는 것을 원하는 사람은 없겠으나 어느 하나의 일에 몰입하는 것 자체가 힘든 사람들은 대부분 관심사가 지나치게 분산된 것이다.

"안녕하세요, 저는 공무원 준비를 하는 학생입니다. 올해 24살입니다. 곧 졸업을 앞두고 있습니다. 저에게는 걱정이 하나 있습니다. 공부를 하다 보면 처음에는 집중이 잘돼요. 그래서 한두 시간 정도는 앉은 자리에서 집중하는 것 같습니다. 그런데 그다음부터는 계속 딴 생각이 나거나 딴짓하고 있는 저를 발견하고는 깜짝깜짝 놀란다는 겁니다. 도서관이나 고시원에 가도 처음에는 공부가 잘되는데 그다음에는 또 집중되지 않습니다."

이 단편적인 메일만으로 나는 이 학생이 왜 집중을 할 수 없는지 파악할 수조차 없어서 몇 가지 질문을 던졌다. 그중에 하나가 아버지가 무엇을 하고 계시냐는 것이었다. 아버지는 작은 공장을 운영하시고 계셨다. 즉 먹고 사는 데 지장이 없었다. 나는 "만약에 공무원 시험에 끝까지 합격하지 못하면 아버지 밑에서 일할 수도 있는 것이 아닌가요?"라고 물었는데 그렇게 될 수도 있을 것 같다는 짤막한 답장이 왔다.

몰입은 절박할 때 더욱 빛을 발한다. 사람이 한 가지 일에 절실할 때는 다른 생각이 침투할 겨를이 없고 오로지 그 한 가지만 바라보고 그 한 가지를 이루기 위해 고군분투하기 때문이다. 이 학생이 공무원 시험 준비에 몰입하지 못하는 것은 먹고 사는 데 지장이 없을 만한 방패막이 있기 때문이다.

사람에게 있어서 푹 빠질 무언가가 없이 무료하기만 하고 이것저것 신경 쓸 일만 잔뜩 있다는 것은 위기 상황이다. 몰입이 없으면 어떤 일에도 재미를 느낄 수 없을 뿐 아니라 자신의 잠재력을 발휘할 수도 없다. 스스로 알고 있던 능력까지도 모두 다 꺼내 쓸 수 없기 때문이다. 몰입할 무언가가 없다는 말은 그만큼 다른 것으로 인해 에너지를 많이 빼앗기고 있다는 말과 다름없기도 하다.

이럴 때는 잠시 자신의 시선을 다른 곳으로 돌리고 쉬는 것도 한 방법이다. 나는 책 읽기가 최고의 방법이라고 알려주고 싶다. 자기 일과 생활에 멀어져 푹 빠지는 책 읽기는 왠지 현실에서 도망치는 것 같지만 사실 독서는 현실로 돌아오기 위한 연습용으로 사용할 수 있는 좋은 도구이다. 책에 빠지는 그 순간의 몰입이 체화되면 자신이 일상생활이나 일에서도 역시 비슷한 깊이로 다시 빠져들 수 있기 때문이다. 그러니 지금 다시 몰입의 순간이 필요하다면 책으로 그것을 연습하자.

직장 생활과 연애의
공통점은 권태

달콤하던 나날이 하루하루 일상이 되어 가면 연인은 눈만 마주쳐도 빙그레 웃던 시절이 언제였던가 싶은 권태가 찾아온다. 예전에는 연인의 일거수일투족에 눈길이 가고 관심을 두었지만 이런 순간이 지나고 나면 연인이 어느 날 머리부터 발끝까지 변화를 주고 나타나도 어디를 어떻게 치장했는지 눈치채지 못한다. 권태를 극복하지 못하면 연인들은 싸우다가 지치기도 하고 싸울 힘도 없을 때는 헤어지고 만다.

직장 생활도 연애와 별반 다르지 않은 시기가 온다. 취업 포털 잡코리아가 남녀 직장인 662명을 대상으로 직장인 권태기에 대해 조사한 결과 97.3%가 "겪은 적이 있다."고 답했다. "권태기를 겪은 적이 없다."고 답한 직장인은 2.7%에 불과했다.

회사생활에 권태를 느꼈던 시기로는 입사 후 1년 차가 32.3%로 가장 많았고, 이직 최고 타이밍으로 꼽히는 3년 차가 25.9%로 뒤를 이었다. 권태기 증상을 묻는 질문에는 "이직을 고려했다."는 직장인이 39.3%로 가장 많았고 "출근만 해도 스트레스를 받았다."가 36.8%로 그 뒤를 이었다. 이외에도 업무 의욕이 떨어졌다34.6%거나 회사 생활이 즐겁지 않다17.7% 만사가 귀찮았다는 의견도 있었다. 직장 생활에 권태를 느낀 이유로는 "반복되는 업무가 지겨워서"라는 응답이 38.4%로 가장 많았다.

권태를 사전에서 찾아보면 "어떤 일이나 상태에 시들해져서 생기는 게으름이나 싫증"이라고 한다. 사람은 새로운 자극을 추구하기 때문에 이미 익숙해진 일이나 사람에게는 약간 소홀해진다. 그래서 법정 스님은 자신의 저서 『살아 있는 것은 다 행복하라』에서 다음과 같이 말씀하셨다.

"인간관계에서 권태는 시간적으로나 공간적으로 늘 함께 있으면서 생기는 것만은 아니다. 창조적인 노력을 기울여 변화를 가져오지 않고, 그저 날마다 비슷비슷하게 되풀이되는 습관적인 일상의 반복에서 삶에 녹이 스는 것이다. 아름다움을 드러내기 위해 가꾸고 다듬는 일도 무시할 수 없지만 자신의 삶에 녹이 슬지 않도록 늘 깨어 있으면서 안으로 헤아리고 높이는 일에 근본적인 노력이 뒤따라야 한다."

권태를 벗어나는 방법은 '깨어 있음'이다. 새로이 만나는 사람은 아니어도 어제와 다른 무언가가 있는지 관심을 두려는 노력에 권태가 한 발자국 다가왔다가도 물러설 것이다. 매일 보는 회사 직원이나 동료들을 대하는 태도 역시 마찬가지이다. 조금만 관심을 가지고 그들의 일상생활에 관해 묻거나 이야기한다면 이전에 알던 면과 다른 점을 발견할 수 있다.

이렇게 작은 관심을 기울이는 일을 나는 법정 스님이 말한 '창조적인 만남'이라고 정의 내리고 싶다. 하는 일이 매일 다를 수 없고 만나는 사람이 크게 달라지지 않는 환경에서 관심과 애정은 잘 굴러가는 톱니바퀴에 권태가 때처럼 끼지 않을 수 있도록 닦아 주는 세제 역할을 한다.

자동차 판매왕 조 지라드는 미국 미시간 주 디트로이트에서 쉐보레 자동차와 트럭을 판매하는 세일즈맨으로서 무려 11년 동안이나 판매 실적 1위 자리를 차지해 자동차 세일즈에서는 전설의 인물로 꼽힌다. 그렇다고 그가 유복한 환경에서 성장한 것은 아니다. 오히려 그 반대였다. 조 지라드의 어린 시절은 기억하고 싶지 않을 만큼 불행 그 자체였다. 디트로이트시 동남부 지방의 빈민가에서 데이난 그는 기난과 아버지의 폭행에 못 이겨 학교를 그만두고 구두닦이를 시작했다. 35세까지 40여 개의 직업을 전전하며 방황을 거듭했다. 고등학교 중퇴의 학력은 번듯한 직업을 가지는 데 걸림돌이 되었다.

조 지라드는 더 이상 다른 일을 할 수 없게 되자 자동차 세일즈를 하게 되었다. 일하면서 어느 날 한 모임에 참석했는데 그 모임에 모인 사람이 약 250명이었다. 그리고 또 다른 모임에도 갔는데 그 모임에 참석한 인원 역시 250명 정도였다. 다른 세일즈맨이라면 무심히 지나쳤을 이 상황에서 그는 250명이라는 공통 숫자에 관심을 기울이기 시작했다. 그리고 그 250명이라는 숫자가 갖는 의미가 무엇인지 찾기 시작했다.

'250명이라는 숫자가 뜻하는 것은 무엇일까? 두 모임 다 참석한 사람의 숫자가 250명이라면?'

계속 고민한 결과 한 사람의 인간관계 범위가 250명이나 된다는 사실을 알아냈다. 그러고는 250명이란 숫자를 판매에 도입해 '조 지라드의 250명 법칙'을 탄생시켰다. 이후 그는 고객 한 사람을 마치 250명 대하듯 했다.

'내가 한 사람의 고객에게 신뢰를 잃으면 그것은 곧 250명의 고객을 잃는 것이다.'

그는 어떤 사람을 대하더라도 친절하고 진실하게 대했다. 고객의 말을 가슴으로 듣도록 노력했다. 그러자 외모에 상관없이 한 사람 한 사람이 모두 소중해졌다. 그러자 놀라운 일이 일어났다. 몇 달간 제자리걸음이던 판매 현황 그래프가 서서히 상향 곡선을 그리기 시작했다. 얼마 후 그는 지점 내에서 1위를 하게 되었다. 그때 한 동료가 비결을 물었다. 그러자 그는 이렇게 말했다.

"한 사람 한 사람의 고객을 250명 대하듯 해봐. 그리고 고객의 말을 건성으로 듣지 말고 가슴으로 들어야 해. 그러면 자연스레 판매로 이어져."

조 지라드는 고객이 하는 말을 시종일관 관심과 애정으로 들었다. 그러자 고객이 무엇을 원하는지 알 수 있게 되었다. 그만큼 고객과 친밀감을 유지할 수 있었고 고객은 그에게 신뢰를 느낄 수 있었다.

그는 매달 1만 3천 장의 카드를 고객에게 직접 보냈다. 물론 다른 세일즈맨들 역시 한 달에 한 번은 아니더라도 고객에게 카드를 발송한다. 하지만 그가 여느 세일즈맨과 다른 점은 물건을 팔기 전이 아니라 팔고 난 다음에 카드를 보낸다는 것이다. 그뿐만 아니라 자동차가 고객의 집에 도착하기도 전에 구매에 대한 감사의 편지를 쓰고, 매달 카드를 보냈다.

"훌륭한 세일즈맨에게 중요한 것은 한 번 차를 산 고객이 결코 자신을 잊지 못하게 하는 것보다는 자신이 고객에게 차를 팔았다는 사실을 잊지 않도록 스스로 주지하는 노력이다."

그는 사용하는 봉투에도 세심한 신경을 썼다. 보통 우편물의 컬러와 크기를 달리해 열어 보지도 않은 채 휴지통에 버려지는 일이 없도록 한 것이다.

어딘가에서 "권태는 사랑이 식은 것이 아니라 시선이 사라진 것"이라는 글귀를 읽은 적 있다. 실제로 마음에서 떠났다기보다는 이제 더 이상 중요하지 않게 여기는 것, 소홀히 해도 될 것이라는 생각이 권태를 불러온다. 그래서 같은 시간에 늘 같은 장소에서 같은 사람들과 같은 일을 한다는 것은 쉬운 일이 아니다.

이 '같음'에서 탈피하고자 사람들은 때로 훌쩍 떠나고 싶어 하기도 한다. 하지만 떠났다가 돌아와도 또다시 '같음'이 반복된다. 그래서 우리에게는 책이 필요하다. 잠시 떠났다가 일상생활로 돌아와도 또다시 쉬이 떠날 수 있게 해 주는 것이 바로 책 속 세계이기 때문이다. 일상과 너무 동떨어지지 않게 그러나 또 너무 권태스럽지 않게 새로운 자극을 주는 것은 책만한 것이 없다.

오늘 일상이 너무 똑같다고 생각한다면 꼭 책을 읽어 보자.

10년 후
내 모습을 설정하라

덴마크의 교육 제도가 부러운 이유는 학생들이 성인이 되어 하고 싶은 일을 찾도록 도와주고 그 실행 방법까지 구체적으로 설계해 보도록 제도화되어 있기 때문이다. 덴마크의 학생들은 1년 동안 인생을 설계할 시간을 제도적으로 보장 받는다. 이는 1974년에 도입된 '애프터 스쿨'이라는 제도로서 공부에 대한 부담 없이 자신의 재능을 찾도록 독려하고 앞으로 어떤 삶을 그려가고 싶은지에 대해서 학생들에게 고찰할 기회를 주자는 취지이다.

덴마크에서는 명문대에 진학하지 못해 불행해지거나 회사에 취직해서 학벌 때문에 불행해지는 병폐는 없다. 또한 대학 진학 역시 의무가 아닌 선택이라서 대학 등록금이 무료인데도 진학률은 40%밖에 되지 않는다. 유엔의 행복 지수 조사에서 덴마크가 매년 상위권을 차지하는 이유가 바로 이러한 적성을 찾는 교육에 있기 때문이다.

하지만 우리나라는 이와 다르다. 제도적으로 확립된 인생 설계 프로그램도 없고 사람들 인식 속에 스펙은 아직까지도 한 사람을 평가할 수 있는 중요한 위치를 차지하고 있다. 제도적으로나 개인적으로 그 잣대에 끼워 맞춰서 살아야 하는 것도 사실이다. 끼워 맞춰 살다 보니 자신에 대해 고찰하고 성찰할 시간을 갖는다는 것은 점점 먼 나라 이야기가 되어 가는 것이다.

그렇다면 일이나 직장을 구할 때는 어떨까? 우리나라 대학생의 대부분은 전공과 관련 없는 일을 하게 된다. 그도 그럴 것이 학과 선택 자체가 자신의 흥미나 관심거리를 중심에 두고 결정지어진 사항이 아니기 때문이다. 이는 조금이라도 이름이 알려진 대학에 가기 위한 눈치작전이나 전략인 경우가 다반사다. 그래서 졸업 후에 전공과 관련 있는 업무에 종사하더라도 방황이 심하고 다른 직업으로 빠지기도 부지기수이다. 자신이 원하는 일을 찾지 못했을 뿐만 아니라 자신을 위해 해야 할 일 역시도 생각해 볼 시간이 없었기 때문이다.

졸업하고 어렵게 입사하고 나서도 마찬가지이다. 입사한 회사가 자신을 정년 때까지 지켜 주지 않는다는 것은 알지만 먼 훗날의 이야기 같기도 하고 일이 바쁘다는 핑계로, 이제는 조금 편한 길을 택해도 되지 않겠느냐는 자기 합리화로, 10년 후의 모습은커녕 1년 후의 모습조차 구상해 보는 데 소홀한 사람이 많다. 하지만 세월이 지남에 따라 스스로가 어떤 작품으로 남길 바라는가에 대한 문제는 중요하다.

물론 입사 초기부터 자신의 모습을 구체적으로 설정하고 계획하는 일이 쉽지는 않다. 하지만 일도 어느 정도 손에 잡히고 회사 돌아가는 사정도 파악이 가능한 입사 2년 차라면 조금씩 자신이라는 작품을 위해 커리어 구축에 대해 고민하고 미래에 어떤 모습으로 살 것인가를 탐색하고 결정해야 할 시점이다. 사실 1년 후의 미래도 모르거나 설정해 본 적이 없는 사람이라면 5년 후도 막막한데 10년 후 내 모습을 설정해 보라는 말에 먼저 겁부터 낼 것이다. 혹은 지금 살기에도 빠듯한데 일 년 후도 아니고 10년 후의 내 모습을 설정하라니 말도 되지 않는다고 생각할지도 모른다. 하지만 오히려 먼 미래를 먼저 확실히 설정하는 것이 그것을 실천하기 위한 연간 계획들을 짜는 데 수월하다.

　　한 연구 결과에 따르면 꿈은 크게 가질수록 그것에 가까워질 확률이 더욱 높다고 한다. 그 이유는 잠재력의 크기 역시 꿈꾸는 크기에 비례해서 최대한 발휘되기 때문이다. 이것이 성공한 사람들이 하나같이 빅 픽처를 가슴에 그려 넣으라고 말하는 이유이다.

　　10년 후 다니는 회사의 사장이 되는 그림을 구상하고 있는 사람은 목표한 시점에 적어도 임원은 되어 있을 것이고, 10년 후에 30평대의 집을 장만하겠다는 목표를 세운 사람은 무작정 돈 모아서 아무 집이나 무조건 사겠다고 생각하는 사람보다 더 먼저 원하는 집과 비슷한 것을 소유하게 된다.

　　10년 후가 막막하다면 지금부터라도 자신이 하고 싶은 일이 무엇인지 찾아보고 준비해야 한다. 혹은 자신이 하고 싶은 일은 아니었지만 하다 보니 재미가 붙었거나 남다른 욕심이 나고 성과를 내고 싶은 분야가 있는지에 대해 자신과 끊임없이 대화를 해봐야 한다. 무엇보다도 신중하게 생각해 보아야 할 점은 자신이 삶의 가치로 여기고 있는 것들과 10년 후 미래의 모습을 구상하며 선택한 일의 가치가 얼마나 일치하는가이다.

젤라토 아이스크림 카페 카페띠아모의 김성동 사장이 있다. 그는 대학 시절 '프랜차이즈 회사 설립'이라는 분명한 목표를 세웠다. 대학을 졸업한 김 사장은 목표를 이루기 위한 전 단계로 중소 프랜차이즈 회사에 입사했다. 그는 과거 중소 프랜차이즈 회사에 입사했던 것에 대해 이렇게 말했다.

"회사의 크기보다는 내 꿈의 크기가 중요했기 때문에 남들의 시선은 의식하지 않았다."

그는 그곳에서 아이스크림 원료 유통에서부터 제조 기술, 배합법, 점포 컨설팅에 이르기까지 아이스크림 프랜차이즈에 관한 모든 업무를 익혔다. 그는 작은 회사에 다닌 것이 오히려 다양한 업무를 배우는 데 도움이 되었다고 말했다.

그는 10년간의 실전 경험을 토대로 카페띠아모라는 브랜드의 젤라토 아이스크림 카페를 창업했다. 웰빙 추세에 맞추어 유지방 함량이 낮은 젤라토가 아이스크림 시장의 다음 트렌드가 될 것으로 판단했다.

김성동 사장에게 중요했던 것은 기술을 배울 수 있는 회사였고 꿈의 크기를 키울 수 있는 분야였다. 그는 이루고 싶은 목표가 있었을 뿐만 아니라 자신이 중요하게 여기는 가치가 무엇인지 잘 알고 그것을 10년 후의 모습과 일치시킬 수 있었기에 성공할 수 있었다. 자신이 중요하게 생각하는 인생의 가치에 대해 자신에게 솔직해야만 어떤 일에 뛰어들지에 대한 판단이 설 수 있다.

『일의 미래』의 저자 린다 그래튼은 다음과 같이 말한다.

"미래를 준비하려면 심층적인 지식과 능력을 키워야 한다. 이를 위해서는 미래에 어떤 능력과 지식이 높은 평가를 받을지 올바른 결정을 내려야 하며 한 분야 이상에서 깊이 있는 능력과 지식을 길러야 한다. 다시 말해 유연한 전문 능력이 필요하다."

이런 전문가가 필요한 이유는 현재 우리 사회에서 전통적으로 고수되어 오던 평생직장의 개념이 완전히 무너졌기 때문이다. 한 가지 일로만 평생을 먹고살 수 있던 시대를 산 사람의 인식과 사고, 통념 등이 변화무쌍하게 바뀌어 가는 현시대에 적응하고 대처하기 위해서는 말랑말랑한 사고를 지녀야만 한다. 유연하지 못하다면 아무리 한 가지 전문 분야에서 남보다 뛰어난 지식을 습득했다 하더라도 그 지식을 활용하는 데 큰 제약을 받을 것이다.

변화하는 시대에 맞춰서 앞날을 준비할 수 있는 방법은 끊임없이 새로운 것을 배우고 익히는 방법밖에는 없다. 책의 존재가 더욱 빛을 발하는 이유이다. 필요할 때 언제든지 새로운 생각과 지식으로 뇌를 말랑말랑하게 해 줄 수 있는 무언가가 곁에 있다는 것은 미래를 준비하는 사람들에게는 다행스러운 일인 것이다.

지금 나에게
필요한 것은 무엇인가

그리스 신화에 등장하는 키프로스의 왕 피그말리온은 여성들의 결점을 너무 많이 알고 있었던 탓에 여성을 혐오했다. 그래서 그는 결혼하지 않고 한평생 독신으로 살기로 했다. 여성 혐오가 주체적인 견해로 여성을 바라보는 데에 큰 걸림돌이 되었다. 그런데 그는 심한 외로움과 여성에 대한 그리움으로 괴로워했다. 결국, 자신의 이상에 걸맞고 아무 결점이 없는 완벽한 여인을 조각하기로 마음먹었다. 그는 자신이 만든 조각상에 옷을 입히고 목걸이를 걸어 주며 매일 어루만지고 보듬어 주었다. 마치 자신의 아내인 것처럼 대하며 온갖 정성을 다했다. 어느 날 아프로디테 제전에서 일을 마친 피그말리온은 신들에게 자신의 조각상과 같은 여인을 아내로 맞이하도록 해달라고 간절히 기도를 올렸다. 그의 기도에 감동한 아프로디테 여신은 피그말리온의 조각상을 사람으로 환생시켜 주었는데, 이 이야기에서 간절히 바라면 이루어진다는 피그말리온 효과가 유래되었다.

　이 효과를 입증해 주는 연구 사례가 있다. 1968년 하버드 대학교 사회심리학과 교수였던 로젠탈 교수의 실험 사례다. 로젠탈 교수는 미국에서 20년 이상 초등학교 교장을 지낸 레노어 제이컵슨과 함께 한 가지 실험을 진행했다.

　그들은 먼저 미국 샌프란시스코의 한 초등학교에 다니는 전교생을 대상으로 지능검사를 했다. 그리고 지능검사 결과와 상관없이 무작위로 한 반에서 20% 정도의 학생을 뽑았다. 그 학생들의 명단을 교사에게 주면서 이 학생들이 '지적 능력이나 학업 성취의 향상 가능성이 큰 학생들'이라고 믿게 했다. 그리고 로젠탈 교수와 제이컵슨은 8개월 후 이전과 같은 지능검사를 다시 했다. 과연 어떤 결과가 나왔을까? 정말 놀랍게도 8개월 전 무작위로 명단에서 뽑은 20% 정도의 학생들이 나머지 80%의 학생들보다 점수가 높게 나왔다. 또 학교 성적도 크게 향상되었다. 즉 명단에 오른 학생들에 대한 교사의 기대와 격려가 성적 향상에 중요한 요인으로 작용한 것이다. 결과적으로 이 연구는 교사가 학생에게 거는 기대가 실제로 학생의 성적 향상에 큰 영향을 미친다는 것을 입증한 사례로 잘 알려져 있다. 교사의 학생에 대한 기대는 학생이 자신을 믿게 해 주는 원동력이 되었고 그 믿음대로 행동했던 학생들의 성적은 좋을 수밖에 없었다.

　직장인들에게는 안타깝게 옆에서 기대한다고 말해 주고 용기와 희망의 메시지를 전달해 주는 사람이 거의 없다. 오히려 업무적인 실수로 인해 생각보다 큰 대가를 치르는 경우도 많고, 실수까지는 아니어도 실수할까 봐 잔뜩 긴장하며 일해야 한다. 한편 웬만한 일이라면 잘 처리했다 하더라도 조직에서 칭찬을 받지는 못한다. 직장인이 자기가 맡은 일을 잘해내는 것은 당연하기 때문이다.

다 자란 성인, 게다가 어느 정도 일이 돌아가는 상황을 알고 있는 연차가 되면 조직과 동료들은 무엇이든지 알아서 처리할 것이라는 기대뿐이다. 그들이 성실하게 일해 온 누군가를 칭찬해 주거나 큰 격려를 해 주는 일은 드물다. 그래서 늘 자신을 믿고 내가 상황과 분위기의 주인이 되려고 노력하는 것은 각자가 해내야 할 몫이 된다.

특히 '내 인생의 주인은 나'라는 인식을 하고 살아가는 것이야말로 개인적으로 삶의 질을 끌어올리는 방법이다. 어떤 사람들은 어쩔 수 없는 의무감이나 달리 하고 싶은 일이 없으므로 지금 하는 일을 계속해 오고 있다. 그저 실에 묶여 움직이는 꼭두각시 인형 같은 신세가 되어 있다고 느끼며 살아가지만 그렇다고 딱히 자신을 묶고 있는 실을 끊고 두 발로 설 수 있는 뾰족한 방법이 있어 보이지도 않는다. 더군다나 그 방법을 생각해 본 적도 없는 경우가 허다하다.

하지만 이러한 속성을 간파한 사람들은 직장이 힘들고 인간관계가 자신을 좌절시키는 상황에서도 절대 실망하지 않고 크게 마음에 담아 두려 하지 않는다. 불평과 불만을 쏟아내 봤자 변하는 것은 없고 자기 심신만 고달프니 차라리 남는 힘을 내부로 돌려서 자기를 보듬어 주면서 자신에 대한 신념이 흔들리지 않도록 붙잡는 데 힘쓴다. 굳건히

설 줄 알아야 어려운 일에 덜 휩쓸릴 수 있고 주도권이나 결정 사항을 남에게 넘겨주지 않고 지킬 수 있다는 걸 알기 때문이다.

'모수자천毛遂自薦'이라는 말이 있다. 모수가 자기 능력을 믿고 자신을 추천했다는 말이다. 이후에는 부끄러움 없이 자기를 내세우는 사람을 빗대어 사용하기도 했지만, 이것은 주인 의식을 가진 사람만이 할 수 있는 일이라고 생각한다.

첫째, 모수는 자신의 능력을 잘 알고 있었다. 세상에는 자신의 능력이 항상 남보다 못하다는 생각에 숨기에 급급한 사람들이 많은데, 모수는 본인을 잘 알고 있었고 그것이 사용될 수 있기를 바랐다. 두 번째, 가장 중요한 것은 앉아서 때를 기다리는 게 아니고 찾아 나섰다는 것이다. 그 옛날 겸양지덕이 덕목의 하나로 여겨지던 시대에 자기를 PR할 줄 아는 앞서가는 사람이었던 셈이다. 셋째, 무엇보다도 모수는 '자천'을 통해 남들이 알아 줄 때까지 기다려야 하는 그 상태와 그런 바람이 만든 자신의 생각의 틀을 깨부쉈다. 이렇게 본다면 모수가 자천한 일은 부끄럼도 모르는 사람이 한 일이 아니라, 떳떳하게 무대에 올라 스스로 주인공이 되어 큰 활약을 펼친 것과 다름없다.

사람은 주어진 일만 하면서는 자기 인생의 주인이 자기 자신인지 알 수가 없다. 남이 시키는 일만 하다 보면 눈은 항상 그들을 좇게 되어 있고 그들의 칭찬과 말 한마디에 목마르게 되어 있다. 수동적인 태도는 이내 수동적인 생각들을 만들어 낸다. 수동적인 태도로 시키지 않으면 아무것도 하지 못하는 사람들은 자신감도 잃기 마련이다. 그렇게 자신감마저 잃고 나면 마음속에는 '남들'이 득세하게 된다.

이렇게 되면 내가 인생의 주인이라는 자각을 하기 힘들어져서 주어진 모든 환경에 대한 불만이 쌓여 가도 의지가 부족해 개선할 방법을 찾기가 쉽지 않다. 하지만 불만이 없어진 것은 아니므로 결국 억지로 만족해하며 살 수밖에 없다.

그렇다면 어떻게 다시 나를 찾고 나 자신의 주인이 될 수 있을까? 지금 인생의 주인 노릇을 하고 있는지 잘 모르겠다면 간단한 일부터 시작해 보는 게 좋을 것 같다. 행동이야말로 주체성을 길러 주기 때문이다. 내가 추천하는 것은 바로 책을 고르는 일이다. 친구나 동료에게 추천해 달라고 부탁하지 말고, 매스컴으로 자주 접해 익숙한 책이 아닌, 자기의 생각과 처한 상황 등을 떠올리며 진짜 마음이 가고 읽고 싶어지는 그런 책을 찾는 것이다.

오로지 '나'라는 한 사람을 중심에 두고 책을 찾아본다는 것은 그 자체로 나만을 위한 어떤 행동을 표출한 것이라고 할 수 있다. 그러니 어떤 책을 보고 있고 어떤 내용에 마음이 끌리는지를 잘 점검하자.

조심히 책을 고르는 일은 나를 알아가는 첫걸음이 될 수 있다. 물론 첫걸음을 떼기 쉽지 않을 수도 있다. 어색하고 낯설고 때로는 귀찮기도 하다. 그러나 책과 함께라면 한 걸음 한 걸음 낯설어도 낯설지 않게 어려워도 위로받으며, 자신을 찾아가는 여정에 도움받을 수 있을 것이다.

관성대로 살고 있는지
점검해 보기

정지한 물체는 계속 정지해 있으려고 하고 운동하는 물체는 그 원래의 속력과 방향을 그대로 유지하고자 하는 것을 우리는 '관성'이라고 부른다. 과학 용어인 관성이 우리 생활에 익숙한 이유는 이 법칙이 비단 물체에만 적용되는 말은 아니기 때문이다. 사람이 살아가는 데 있어서도 관성의 법칙은 그대로 적용된다. 가만히 있으려 하는 사람들은 이제나저제나 현상 유지에만 힘쓰고 또 지나친 속력으로 내달리고 있는 사람들은 잠시 브레이크 거는 방법을 잊고 있다. 두 부류 모두 현재 상황을 체크하고 미래를 대비할 수 있는 능력을 키우는 것과 조금은 먼 사람들이다.

나는 오랫동안 자신을 안전제일주의자라고 정의 내렸다. 업무적으로 불안하다거나 권고사직을 받았음에도 불구하고 그다음 회사에 들어가면 또다시 안정을 찾았다. 취직이 잘 안 되어 실직 상태로 있었기 때문에 그다음 회사에서 안정을 바라는 것은 어찌 보면 당연한 일일 것이다. 하지만 회사를 옮기면서 회사라는 곳이 나를 끝까지 지켜줄 수는 없다는 것을 체험했으면서도 또 다음 회사에서는 내 자리가 안정되기를 바라고 나아가 안주하게 되었다. 내게 변화에 대한 필요성을 뼈저리게 느끼고 깨우칠 만한 사건들이 있었음에도 이렇게 안주하고 싶은 심리는 습관처럼 관성으로 작용해서 내게 돌아왔다.

어느 날 한 청년의 이메일을 받았다. 군대에서 전역하기만 하면 수많은 일에 도전하면서 힘차게 살 것으로 생각했는데, 자신의 현재 모습이 군대에서 병장 말년을 보내던 때와 다르지 않은 것 같아서 갑자기 화들짝 놀랐다는 내용이었다.

그는 군대에서 제대 날짜만을 손꼽아 기다리지도 않았다고 했다. 그저 내무반에 누워서 온종일 자신이 차지할 수 있는 리모컨으로 TV 채널이나 돌려 가며 보는 것이 좋았다고 했다. 그리고 활동하는 것도 귀찮아서 남들이 쉬는 시간에 축구를 하거나 빈둥빈둥 놀기를 즐겼다. 그래도 생각은 '전역만 해봐! 뭐든지 다 하겠어.'라고 했다고 한다.

군 제대 후에는 다양한 일에 도전하고 밑바닥부터 시작해서 부딪치고 깨지면서라도 세상 경험할 각오가 분명히 되어 있었던 것 같았다는 말도 덧붙였다. 하지만 이 모든 것은 자신을 속이는 자기 합리화에 불과했다는 것을 깨닫는 데 그리 오랜 시간이 걸리지 않았다.

그는 사회생활을 하고 있는데도 여전히 틈만 나면 소파 위에서 휴

대폰을 만지작거리거나 리모컨만 손에 쥔 채 전역을 얼마 앞두지 않은 사람처럼 다시 TV 앞에 드러누웠다. 그러던 어느 날, 새삼스레 제대 전의 이러한 안 좋은 습관이 자리 잡았음을 깨닫고는 큰 자책을 하게 되었다. 그때 그는 더 이상은 이대로 살면 안 되겠다는 생각을 하게 되었고 문득 TV 옆에 놓인 책 한 권을 발견했다. 동생이 읽던 나폴레온 힐의『놓치고 싶지 않은 나의 꿈 나의 인생』이라는 책이었다. 그는 그 후로 TV와는 결별하고 꾸준히 독서 중이며 현재 자신이 무슨 일에 관심이 가는지를 탐구 중이라고 했다.

나는 이 청년의 모습이 예전에 좋지 않은 관성대로 살던 내 모습과 별반 다르지 않지만 자신에게 '게으름'이라는 관성이 이미 몸에 배어 있다는 사실을 나보다 더 빨리 알아차렸다는 것에 대해 큰 칭찬과 함께 축복의 메시지를 보내 주었다. 일단 스스로 자각해야 개선의 여지가 있을 수 있기 때문이다. 알아차림은 관성의 법칙을 깨는 열쇠이다. 적절할 때에 나쁜 관성을 깨뜨려줘야 몸과 마음이 자기도 모르게 적응되는 것을 막을 수 있다.

관성은 결코 하루아침에 형성된 것이 아니다. 아무런 의식이나 노력 없이 생각이나 행동으로 표출되려면 그러한 것들이 몸에 깊이 각인되고 익숙해져야 한다. 습관으로 형성된 것들이야말로 관성이 된다. 그런데 재밌는 것은 움직이고 있는 물체에 어떤 힘을 가하게 되면 관성의 성질은 깨지고 속력이나 운동 방향이 바뀌게 된다는 사실이다. 방향이 바뀐 물체는 이제 바뀐 방향 쪽으로 관성의 법칙을 실행한다. 우리가 좋은 습관을 들여야 하는 이유는 좋은 습관 역시 관성의 법칙 아래에 있기 때문이다.

가끔 직장 생활이 녹록지 않다는 이유로 스트레스를 풀기 위해 퇴근 시간이 같은 동료들끼리 몰려다니며 술에 몸을 맡긴 채 신세 한탄하는 버릇에 맛들인 사람들이 많다. 이런 사람들은 술은 끝까지 마시는 것이라며 다음날 기억하지 못할 정도로 술을 들이켜고는 다음날 또 같은 일을 반복한다. 평소보다 술을 적게 마신 날에는 갑자기 체력 탓 나이 탓을 하며 다시 신세 한탄을 하고 있다.

이러한 관성에서 벗어나지 못하면 건강을 해칠 뿐만 아니라 금전적으로도 큰 낭비이다. 무엇보다도 정신적으로 전혀 유익하지 못하다. 술도 마실 때 마시고 마실 필요가 없을 때는 다른 방식으로 스트레스를 해소하기 위해 노력한다면 술자리나 그 분위기가 주는 관성에서도 서서히 벗어날 수 있다.

자신을 돌아볼 시간은 없고 늘 떠들썩한 사람들 속에 있어야 안심이 된다면 홀로 있어야 하는 외로움을 견딜 수 없게 된다. 외로움은 쓸쓸한 단어이지만 사람은 홀로 있을 때야 비로소 밖으로 분산한 에너지를 다시 안으로 끌어들일 수 있다. 겉으로는 남들보다 더 적극적이고 긍정적인 사람들이 꼭 혼자만의 시간을 갖는 것도 바로 이런 이유 때문이다. 이들은 한쪽으로 치우쳐져서 살지 않는다. 적당한 균형을 유지하고 좋은 습관을 들이고 유익한 면에만 관성의 법칙을 적용하기 위해 노력한다. 그리고 이러한 노력은 또다시 좋은 습관을 들이기 때문에 선순환 구조로 이어진다. 이 역시 관성을 이용한 것이라고 볼 수 있다.

그렇다면 어떻게 해야 만족스럽지 않은 관성을 벗어나 새로운 습관을 들일 수 있을까? 급할수록 돌아가라는 속담이 있다. 조급한 마음을 버리는 일이 가장 먼저 선행되어야 할 것이다. 지금 고치고 싶은 습관은 짧은 시간 내에 자리 잡힌 것이 아니므로 하루 이틀 만에 뚝딱 하고 고칠 수 없는 것이라는 것을 인정하고 마음의 여유를 찾는 것이 중요하다.

두 번째로 습관은 타고난 유전적인 형질이 아니라는 것을 알아야 한다. 관성의 법칙이 사람에게 적용될 때는 뇌 속에서 자리 잡은 패턴이 있다는 의미이다. 결코 엄마 닮아서 부정적인 기질을 물려받았다든지 아빠 닮아서 나쁜 버릇을 타고 태어나지 않는다는 말이다. 자신이 항상 반복적으로 생각하고 행동한 것은 신경세포의 줄기를 강화해 일정한 패턴을 만든다. 이는 적절한 노력이 수반되면 이 일정한 패턴을 다른 식으로 강화할 수 있다는 뜻이다. 노력 여하에 따라 자신이 바라지 않는 습관을 탈피하고 자신이 원하는 관성을 몸에 새롭게 입을 수 있게 된다.

마지막으로 첫 번째 요소에 반대되는 말일 수도 있겠지만 습관을 개선하는 것은 마음만 제대로 먹으면 생각보다 그리 오래 걸리지 않을 수도 있다. 보통 새로운 습관으로 잡히기까지 평균적으로 60일 정도 걸린다. 두 달 정도의 기간은 하루 이틀에 비하면 길지만 원치 않는 습관에 따라 생각하고 행동해 온 나날들에 비하면 그리 오랜 기간은 아니다.

같은 시간에 같은 일을 하며 같은 장소에 모여 있는 일이야말로 무기력한 관성이 스며들기 마련이다. 직장 생활로 굳어진 이러한 패턴을 벗어나고 좀 더 열린 생각을 하기 위해서라도 끊임없이 관성을 깨기 위해 노력하는 한편 새로운 관성을 취하는 것에도 신경을 써야 한다. 즉 책을 가까이하면 관성을 이용할 수 있다. 읽는다는 행위는 반복되는 관성의 법칙일 수 있으나 늘 다른 지식과 지혜를 얻을 수 있다는 면에서는 생각에 새로운 패턴이 생기게 하기 때문이다. 관성대로 사는 것이 아니라 관성을 이용한 삶은 스스로가 주도적인 인생을 살 수 있도록 해 줄 것이다.

2 장

위기를 기회로
바꾸는 독서

고민을 쌓지 말고
책을 쌓아라

몇 년 전에 우리 회사의 한 업체 담당자가 내 전화 태도에 불만을 표시한 적이 있다. 나는 좀 무뚝뚝한 성격이었기는 했지만 여타 업체에선 잘 챙겨 줘서 고맙다는 메일도 받았고 우리 영업사원에게 모 업체에서 내가 잘 챙겨 주었다는 칭찬도 전해 들은 적이 있다. 당연히 거래처 모두에게 똑같이 신경 쓰고 있다고 생각하고 있었는데 한 회사가 부장님에게 나에 대한 불만을 제기했다. 나는 이것을 알고는 큰 충격을 받았다. 그 업체 사람은 내 전화 태도가 마음에 들지 않는다고 한 것이었지만 나는 이 불만 제기가 나 자체를 문제 삼고 있다고 받아들였기에 더욱 힘들었다.

'도저히 이해할 수 없어.'

그때 내 머릿속에는 그 업체 담당자를 이해할 수 없다는 것 외에는 아무것도 생각할 수 없었다. 그렇게 몇 날 며칠 고민하는 중에 데일 카네기의 『인간관계론』을 다시 읽게 되었다. "상대방의 생각이나 욕구에 공감하라.", "당신의 생각을 극적으로 표현하라."라는 두 문구가 특히 내 시선을 빼앗았다. 하지만 그 책을 읽은 며칠 후부터 나는 점차 다시 사무적인 말투로 전화를 받고 있었다.

하루는 문득 부장님이 통화하시는 걸 유심히 듣다가 늘 업무적으로만 대하는 내 태도와 사람을 직접 대면하듯 전화 통화하시는 부장님과 확연히 비교된다는 사실을 알게 되었다. 생각해 보니 내 전화 태도에 불만을 토로했던 그 업체 담당자는 소위 말해 자신이 우리보다 갑의 위치면서도 전화 통화할 때는 늘 목소리에 긴장감이 감돌았다. 부장님은 이를 알고 감각적으로 달래주는 말투로 이 업체 담당자와 대화를 나눴다. 하지만 나는 상대의 긴장감을 덜어줘야 한다고는 생각해 본 적도 없다는 것을 깨달았다.

순간 나는 내가 얼마나 책을 단순하게 읽고 있었는지를 깨닫게 되었다. 그래서 이번에는 인간관계와 관련된 책뿐만 아니라 상대의 심리와 나의 심리 파악에 도움을 받고자 심리학에 관련된 책 세 권을 사서 함께 읽기 시작했다. 책 속에서 무언가 깨닫고 배우기 위해서는 한두 권 정도씩 읽어서는 내용이 서로 융합이 안 될 수도 있다는 생각 때문이었다.

책 한 권을 읽자마자 다른 책을 교차로 읽으니 읽는 속도도 빨라지고 지루할 틈이 없었다. 그때부터 나는 관련된 책이나 관련성이 있겠다 싶은 책들을 몇 권씩 묶어 구매하기 시작했다.

책을 몇 권씩 구매할 때는 사실 '이 책을 언제 다 읽나?'라는 의문이 있었던 것도 사실이나 시각적으로 목표가 생겼다. 한 권은 오히려 언제든지 읽을 수 있다는 생각에 게으름을 주지만 열 권 정도가 내 책상 옆에 쌓여있다면 책을 다 읽어야 한다는 '건강한 스트레스'에 적당히 노출될 수 있다. 또한 연관된 분야의 내용을 읽기 때문에 내용에 대한 이해가 빠르다. 내용에 대한 이해가 빨라지면 실행으로 옮길 빈도수와 실행을 유지할 확률이 커진다. 읽은 내용이 자꾸 생각나기 때문이다.

마지막으로 지루하지가 않다. 좋아하고 곁에 두고두고 보는 책은 보통 한정되어 있다. 모든 책이 여러 번 보고 싶지는 않다. 필요하기에 보게 되는 경우 한 권의 책만 보면 지루할 수 있다. 그럴 때는 문체나 디자인이 조금 다르지만 내용이 비슷한 책들을 교차해서 보면 덜 지루하다.

마음이 울적하고 누군가가 필요할 때 책이라는 매개체는 상담사를 대면하는 것보다 심리적으로 훨씬 접근이 쉽다. 상담사를 찾아갈 마음의 준비가 되지 않았을 때나 혼자서 생각하는 것이 더욱 익숙한 사람에게 책은 가장 가까이에 있는 상담사다. 프랑스의 정치 사상가 샤를 드 스공다는 "한 시간 독서로 누그러지지 않은 걱정은 결코 없다."라고 말했다. 책 속에 묻히는 시간에는 고민과 걱정을 잊을 수 있다. 동시에 나와 같은 마음을 가진 글들 속에서 위로를 받거나 처지가 비숫한 사례들을 보면서 자신의 문제점이 무엇인지 왜 지금 이런 고민을 할 수밖에 없는지도 발견할 수 있다. 말 그대로 독서가 자가 치유의 한 방법이 된 것이다.

알랭 드 보통 인생학교 소설치료사들의 북테라피『소설이 필요할 때』를 보면 세상 모든 증상에 대한 소설 치료법을 제시한다. 증상 리스트에는 그때그때 필요한 소설을 추천해 놓았다. 예를 들면 '경기 침체일 때', '경솔할 때', '독서를 시작하기 두려울 때', '딸 바보 아빠일 때' 등 무겁고 깊은 삶의 문제에서부터 당사자가 아니라면 "이것이 과연 문제가 될 수 있는가?" 싶은 정도의 상황까지 모든 삶의 소재를 소설을 통해 느껴 보고 이해할 수 있는 처방을 내려주고 있다. 즉 삶의 모든 문제는 책으로 대입할 수 있으며 책 속에서 해결 방향을 찾을 수 있다는 것이다.

제주 올레 이사회의 서명숙 이사장은 '네이버 캐스트 지식인의 서재'에서 이렇게 말했다.

"삶에서 굉장히 큰 결정들은, 제가 의도하고 책을 보거나 길을 찾아야지 하면서 책을 본 건 아닌데 책을 좋아하다 보니까 책을 본 건데 그런 책 속에서 길에 대한 화살표를 발견한 거죠. 인생 여정이라고 하잖아요. 인생이라는 길을 걸어가는 데 굉장히 좋은 멘토가 되는 사람이 리본이 되기도 하고 또 좋은 사람이 쓴 책이 화살표가 돼 주기도 하고 그랬던 것 같아요."

책은 단순히 종이에 글자들을 모아 놓은 정리 상자가 아니다. 한 사람의 생각이 집합된 세계이다. 책은 한 사람의 내면을 글자라는 매개체를 통해 발현시킨 것이다. 타인이 수면 위로 나타낸 세계를 글로 접하면서 외부로 향했던 마음을 자기 내면세계로 돌아오게 하는 통로가 되어 줄 수 있는 것이 바로 독서이다. 그래서 책을 읽는 사람들은 자기 자신의 삶과 인생에 대한 본질적인 질문을 스스로에게 던지고는 한다. 물론 오늘 읽은 한 권의 책이 당장의 고민을 해결해 주고 오랜 시간 쌓아 올린 마음의 벽을 무너뜨리지는 못할지도 모른다. 하지만 굴곡진 깊은 산길을 건너는 것과 비유되는 인생이라는 장거리 행군에서 누군가가 옆에 있어도 어느 순간 느낄 수밖에 없는 공허한 마음과 피로감은 자신만이 풀어야 할 숙제 같은 것이다.

　지금 느끼는 마음의 고민과 갈증을 조용히 다스리는 방법은 스스로 고요해지는 것뿐이다. 이 길에 책이 함께 한다면 고요하되 고독하지는 않다. 그러니 지나친 고민과 번민으로 머리가 터질 것 같고 마음에 큰 쇳덩이가 얹혀 있는 것만큼의 무게에 짓눌려 있다면 다시 자기 자신을 살피고 내면으로 들어가는 길을 다시 확인할 때이다. 머릿속에 자리 잡고 있는 모든 나쁜 생각들, 이기적인 것들을 내려놓고 마음의 무게만큼이나 무겁게 내 옆에 책을 쌓아 두자. 그 속에 당신의 고민과 번민을 잊게 할 처방전이 있을 것이다.

명품 백보다
책을 선택하라

　남자들은 최고의 액세서리로 단연코 자동차와 시계를 꼽는다. 요새는 좀 더 다양해졌지만 그래도 여자들의 것을 따라갈 수는 없다. 여자는 남자보다는 더 많은 액세서리를 착용할 수 있다. 귀걸이, 목걸이, 팔찌에서부터 여름에 할 수 있는 발찌, 머리띠까지 그야말로 모든 것을 몸에 걸고 낄 수 있다. 하지만 이런 여자에게도 가장 소중한 액세서리가 있다. 바로 가방이다. 다른 것은 다 싸구려여도 가방만은 좋은 것을 들려고 하는 이유는 바로 가방이 자신을 대변해 준다고 믿기 때문이다.

　장클로드 카프만은 『여자의 가방』에서 다음과 같이 말한다.
　"여자에게 가방은 소품 그 이상이며 본질적인 필수품이 되었다. 가방은 여자의 마지막 내밀함의 경계선이기 때문이다. 가방은 자아의 가장 내밀한 부분이고 정체성의 산물이자 여자의 심장이라 할 수 있다. 이는 자신만의 세계이자 자신에게 주는 선물인 동시에 사랑의 세계이다. 사회에서 사랑을 짊어지고 다니는 이들이 바로 '여자'이기 때문이다."

삐끗할 것만 같은 아찔한 높이의 하이힐 위에서 자신의 몸통만 한 큰 가방을 멘 여자의 가방은 사랑과 함께 자기만의 세계를 들고 다니는 셈이다. 그런데 정말 잘나가는 여자들의 세계 속에는 무엇이 들어있는 것일까? 다른 것은 몰라도 그곳 한자리에는 늘 책이 차지하고 있다.

신세계 정유경 부사장은 디자인을 전공했지만 그녀 특유의 꼼꼼함과 과감한 결단력으로 사업을 성공적으로 이끄는 여성으로 많은 청춘들의 선망의 대상이기도 하다. 그녀의 아이디어는 타고난 디자인적인 감각과 엄청난 독서량에 있다. 실제로 해외 출장 시 캐리어 한가득 다량의 책을 챙겨 가기로 이미 유명하다.

성수선 씨는 대기업에서 날마다 처리해야 하는 방대한 업무와 삭막하고 까칠한 인간관계에 시달리는 직장인이다. 남들과 다른 점이 있다면 책을 읽는 것과 책을 구매하는 것을 좋아한다는 점이다. 그녀는 『밑줄 긋는 여자』, 『혼자인 내가 혼자인 너에게』 등의 책을 펴낸 저자이기도 하다. 해외 영업 업무를 하는 덕분에 세계 여러 곳을 날아다니며 일하고 있는 성수선 씨는 업무적인 면에서 독서의 도움을 톡톡히 받았다고 한다. 그녀는 〈한국경제〉와의 인터뷰에서 세계 각국의 바이어를 상대하기 위해선 다양한 문화에 대한 이해의 폭을 넓혀야 하고 이런 문화적 지능을 높일 수 있는 가장 좋은 방법이 바로 독서라고 강조한다.

그녀에게 독서는 이해의 폭에도 영향을 끼쳤을 뿐만 아니라 문화가 다른 외국인들을 만나 대화를 풀어나갈 때도 유용한 도구였다. 해당국의 작가가 쓴 책 이야기를 꺼내는 것만큼 대화에 효과적인 것은 없기 때문이다. 그녀에게 있어서 책은 관우가 휘둘렀던 청룡언월도 같은 역할을 한 셈이다.

"해외 영업에선 바이어의 취미와 성향을 미리 파악해 공감할 만한 대화를 끌어내는 게 외국어 실력보다 중요합니다. 책에 대화 콘텐츠를 확장할 수 있는 비밀 코드가 모두 담겨 있다는 걸 후배들도 알았으면 합니다."

그녀가 책에서 얻은 것은 단순히 개인적 차원의 힐링이나 업무를 위한 창의성의 발휘에 있었던 것이 아니었나 보다. 나와는 다른 사람을 이해하고 파악할 수 있는 감각적인 능력과 공감 능력이 그녀의 무기였다.

가방에 책을 넣고 다니는 그녀들은 미지의 세계를 숨겨 놓고 있는 신비로운 여자들이다. 멋진 여성들의 가방은 명품 백이 아니어도 빛난다. 그 이유는 그 안에 내실 있는 그녀들만의 물건이 들어 있어서이다.

가끔 지하철에서 책을 읽는 여성들을 만난다. 그녀들의 책을 보면 그녀들이 무엇을 생각하고 있는지 어디에 관심이 있는지 한눈에 파악할 수 있다. 각자의 개성으로 고른 책들은 가방 안에서 그녀들의 마음과 연결되어 그 책 주인으로부터 후광이 뿜어져 나오게 하며 가방을 멘 어깨에 힘을 잔뜩 주게 해준다. 늘 책과 함께하는 여성은 발걸음도 남들보다 두 배는 빠르고 눈빛 역시 생생하게 살아 있다. 상처를 받든 의문투성이의 사건을 만나든 자신에게는 조력자가 있다는 든든함에 그녀들은 어딜 가든지 책을 빼놓지 않는다.

『강남 사모님의 특별한 조언』에서 저자 김규정은 이렇게 말한다.

"남자는 돈, 명예, 권력 중 하나만 가져도 모든 걸 다 가진 것이다. 여자는 일, 남자, 자식, 돈 뭐든 한 가지만 뜻대로 안 돼도 행복한 삶이 아니다. 그래서 여자는 눈이 더 높아야 한다. 당신의 친구, 당신의 이웃, 당신의 동료를 쳐다보지 마라. 모든 걸 다 가진 격이 다른 클래스를 질투하라."

말 그대로 여자야말로 모든 것을 다 가질 수 있어야 자신이 만족한 삶을 살 수 있다는 말이다. 오늘 한 달 치 월급보다 비싼 백을 들고나와 뭇 여성들의 시선을 받는 것이 만족감을 주는 것이 아니다. 그 세계에 무엇을 담고 가고 있느냐에 달려있다. 자기의 세계를 열심히 만들어가고 있는 여자만이 더 잘나고 멋진 다른 사람들을 질투할 특권이 생기는 것이다.

자신의 세계를 책의 자리에 내어 준 여자들은 멋진 사람들이다. 책을 읽는 사람만이 자신만의 세계를 더욱 단단하게 구축할 수 있고 세상의 변화와 현실 앞에서 겸손하고 더욱 떳떳하게 응대할 수 있기 때문이다. 오늘 내게 질투가 날 만큼의 클래스를 지닌 어떤 사람과 같은 떳떳함과 당당함이 필요하다면 있어도 되고 없어도 되는 혹은 남들 다 들고 다니는 백으로 자신을 표현하려 하지는 말자. 다만 그 안에 들어있는 나만의 무기가 될 책으로 자기만의 세계를 구상하고 엮어서 차별화된 다른 세계를 갖는 내가 되기로 해 보자.

독서로 스스로에게
동기부여 하라

아랍의 한 나라에서 학생들이 공부하게 하려고 성적에 따라 현금을 지급하는 방법을 썼다는 재밌고도 부러운 기사를 접한 적이 있다. 그런데 이 방법은 학생들에게 당장 공부할 동기를 불러일으키기는 하지만 이 외적인 동기부여가 사라졌을 경우에는 효과가 없어진다는 것이 심리학적인 견해이다.

미국의 심리학자이자 철학자인 매슬로우는 인간의 자아실현 단계를 동기 이론으로 설명했다. 이를 '매슬로우 욕구 5단계'라고 부른다. 1단계는 인간의 가장 기본적인 욕구인 '생리적 욕구'이다. 이는 의식주와 성적 욕구와 같은 생존에 있어 필요한 욕구이다. 2단계는 '안전에 대한 욕구'이다. 사람은 경제적인 안정이나 질서 등과 같은 익숙한 것, 확실한 것, 안정적인 것을 찾게 된다. 3단계는 '사회적 욕구'로서 사회적이고 사교적인 동료 의식을 조성하기 위한 욕구이다. 애정, 우정, 귀속 등이 이에 속한다. 4단계는 '존경 욕구'로 자신감, 독립심, 성취감 같은 자기 존중 욕구로 자신에 대한 높은 수준의 존중감을 형성하고 싶어 하며 권위와 권력으로 타인을 지배하고 싶은 욕구이다. 끝으로 5단계에 '자아실현의 욕구'가 있다. 이는 지속적인 자기 발전을 위해 잠재력을 최대한 발휘하려는 욕구로서 자아 초월을 실현하려는 욕구이다.

매슬로우의 이 5단계는 1단계서부터 5단계가 낮은 데서부터 높은 데로 순서가 정해져 있다. 각 단계의 욕구를 만족하면 이전 단계의 욕구는 더 이상 동기부여 역할을 수행할 수 없게 되고 다음 단계의 욕구가 행위를 동기부여 시킬 수 있는 요인으로 적용된다고 가정했다. 물론 이 이론에 대해서 사람에게는 한 가지 이상의 욕구가 있을 수 있다는 논란이 있기는 하지만 중요한 것은 마지막 5단계가 바로 '자아실현의 욕구'라는 것이다.

결국 사람에게 있어서 나 자신이 성장하고 있음을 맛보는 것만큼 중요한 것은 없는 것이다. 이 5단계를 실현하기 위해서 배우고 익히는 것도 중요하지만, 그 속에서 자신만의 생각을 키우고 바꿔보기도 하면서 자기 스스로가 인생을 진두지휘하는 지휘자와 같은 사람이라는 것을 알게 된다면 인생이 더없이 행복하다. 행복하고 건강하기 위한 조건이 바로 자기를 통제할 수 있는 능력을 길러 삶까지 통제할 수 있게 되는 것이기 때문이다.

블로그 〈노지의 소박한 이야기〉를 운영 중인 노지현 씨는 몇 년 전 자신과 책에 대한 경험담을 인터넷을 통해 들려주었다. 어릴 적에 친구 하나 제대로 사귀지 못하고 늘 혼자였고 따돌림 당하기 일쑤였던 어린 노지현을 바꿔준 것은 박원희 씨의 『공부 9단 오기 10단』이라는 책이었다. 그녀는 이 책을 만나고 나서의 느낌을 이렇게 설명했다.

"이 책에 실린 박원희의 성장기와 어떻게 자신이 공부를 했는지, 어떻게 자신의 주위 환경을 바꿔나갔는지를 읽으면서 저는 '나도 할 수 있겠다.'는 용기를 얻었습니다. 늘 주위의 환경 탓만 하면서 절망의 구렁텅이에 빠진 저에게 한 줄기의 빛이 내려온 것입니다. 저는 그 때부터 무작정 책을 읽기 시작했습니다. 자기계발서, 문학, 인문 등의 분야를 가리지 않고, 권장 도서와 인터넷에서 베스트셀러에 올라와 있는 책들을 사서든 빌려서든 읽었습니다."

그녀는 책 읽는 습관으로 신문 기사들도 접하고 스크랩하면서 읽는다는 것에 재미를 붙여 나갔다. 그리고 실력이 쌓이자 크고 작은 글짓기 대회에서 입상하게 되었다. 무엇을 해도 인정받지 못했던 시절에 오로지 자신의 능력으로 인정받는다는 것이 어떤 느낌인지 체득할 수 있었다.

길을 잃어 본 사람만이 다시 올바른 방향을 찾으려 하고 추락해 본 사람만이 다시 올라가야 하는 절실한 이유를 찾을 수 있듯이 책을 통해 노지현 씨는 아팠던 지난날을 위로 받고 '할 수 있다.'는 마음을 되찾는 계기를 마련했다. 열심히 노크하는 자에게 문이 열리듯이 책은 그것을 찾는 사람에게 한층 더 성장할 수 있는 문을 활짝 열어 주었다.

독서하지 않는 사람은 문이 앞에 있어도 노크해 보지 않는 사람들이다. 이들 중 다수가 독서의 중요성에 대해서 이미 인지하고 있기는 하지만 관심이 없으므로 우리 주변 곳곳에 널려있는 이 자아실현의 문을 두드려 보지 않는다.

평소에 일 년에 단 한 권의 책도 읽지 않는 B. 그녀는 어느 날 내게 물었다.

"언니는 왜 책을 읽어? 내 생각에 책만 많이 보는 사람들은 너무 이상理想적이거든. 현실적이어야 하는데 말이야."

그녀가 보기에 나는 그저 '책벌레'에 지나지 않았었나 보다. 내 주위에는 나보다 책을 좋아하는 사람이 많으므로 나 자신이 책벌레로 보일 만큼 책을 읽는 것은 아니라고 생각했지만 그녀의 눈에 나는 책만 아는 사람이었다. 그래서 그녀에게는 내가 책벌레의 기준이었고 책으로 정말 심성이나 성격이 변화할 수 있는 것인지에 대한 증거였다.

나는 책을 읽으면서 나 자신과 가족, 그리고 내가 사는 세상을 이해하고 싶어졌고 부족한 부분을 채워 나가는 사람이 되고 싶다는 꿈이 생겼다. 책에서 위로받는 느낌이 좋아 읽던 내게는 이런 인식의 변화가 서서히 진행되었기 때문에 다른 사람들이 보기에는 책을 읽든 안 읽든 사람은 별로 변하지 않는다고 생각했을지도 모른다. 하지만 이미 적지 않은 사람들에서 내가 이전과는 다르다는 말을 많이 듣고 있다. 좋은 일 있느냐고 묻기도 하고 심지어 애인이 생겼느냐는 실소 터지는 질문을 종종 받기도 한다.

　내가 보기에는 책이나 글과 떠나 사는 B가 더욱 이상理想을 사는 것처럼 보인다. 자신은 현실을 직시하고 현실에 살고 있다고 하지만 현실을 그렇게 잘 안다면 세파에 흔들리지 말고 세상에 더 잘 섞일 줄 알아야 했다. 아는 만큼 대비가 가능하니 말이다. 하지만 그녀는 자신이 무엇을 원하는지, 좋아하는지 전혀 알지 못할 뿐만 아니라 게다가 찾으려고 노력하지도 않았다. 그저 자신보다 조금이라도 나아 보이는 사람들을 질투하고 운이 좋다고 깎아내리기만 할 뿐이었다. 그런 그녀가 나는 현실적이라고 결코 생각하지 않는다. 이런 그녀에게 조언이나 따뜻한 말 한마디 건네주는 사람이 있으면 좋으련만 모두 각자 살기에 바빠서 그에게 그런 말을 해 줄 사람이 없다. 그래서 그녀는 SNS나 블로그에 자기 글을 게재하고 그 글에 달린 댓글을 보고 위로와 용기를 얻었다. 전혀 알지 못하는 남의 '글'에 위로를 얻은 경험도 있으면서, 같은 글로 쓰여 있는 책이라는 매개체가 사람에게 줄 수 있는 위안과 동기부여의 효과에 대해서는 늘 의문을 품고 경험하기를 거부하니 참 아이러니한 일이다.

　책은 두 사람이 대화하는 것과 같다. 책을 쓴 사람과 책을 읽는 사람이 글을 통해서 상대를 보고 있다. 이것이 가능한 이유는 책을 쓴 사람은 읽을 사람들을 상상하며 글을 쓰고 있기 때문이다. 글을 쓸 때는 무턱대고 다수의 아무에게나 메시지를 전달하려고 하지 않는다.

정말 필요한 사람이 내 글을 봐 주길 바란다. 읽는 사람 역시 마찬가지다. 누군가 나를 위해 쓴 것 같은 책을 읽었을 때 공감되고 동기부여를 받는다. 책에서 얻은 글들로 자신의 삶이 다시 추진력을 얻고 다시 할 수 있겠다는 희망을 발견하길 바란다. 이 두 바람이 만나고 있으니 책은 두 사람의 바람이 만나 쉴 새 없이 이야기하는 것이며 실질적인 대화는 아니지만 동기부여를 해 줄 수 있는 가장 큰 매개체가 되는 것이다.

무언가를 하고 싶을 때, 조금은 지치고 외로울 때, 삶의 새로운 전환이 필요할 때 우리는 시작할 수 있다는 동기부여가 필요하다. 스스로 동기부여 할 수 있는 가장 좋은 방법은 책을 읽는 것이다. 내 마음과 같은 책을 읽으며 위로 받고 활력을 되찾고 다른 이의 생각을 알아가는 일을 통해서 이해의 폭을 넓히고 깊이를 더할 수 있게 된다. 자신에 대한 여유와 세상에 대해 너그러움을 되찾을 수 있다. 그러니 외부에서 나를 찾아왔다가 금방 가버리고 사라질 일시적인 도움을 원하기보다는 스스로 단단해질 수 있게 만드는 책을 통해서 자신에게 동기부여하자.

자존감,
책으로 높일 수 있다

　자존감이란 스스로 높일 수 있는 마음이다. 비슷한 말로 자존심이란 말이 있다. 이 말은 "자존심이 너무 센 사람" 등 부정적인 어감으로 많이 쓰고 있어서 그런지 자존감도 그렇게 받아들일 때가 있다. 하지만 스스로 진정한 가치를 알고, 인생에서 부딪힌 시련에 긍정적인 태도를 유지해 주는 것은 바로 스스로 존재를 인정하고 소중히 여기는 마음인 자존감이다.

　자기 가치를 스스로 인정할 줄 아는 사람들은 자신을 소중히 여기며 자신을 긍정적으로 평가한다. 그렇기에 남들의 비난이나 비평에 크게 흔들릴 필요가 없다. 반면에 자존감이 낮은 사람들은 자기 자신이 남보다 항상 못하다고 생각하며 열등감에 빠지고는 한다. 이는 인간관계에서도 문제를 일으킬 수 있다. 물론 자존감이 지나쳐도 문제가 되고는 한다. 남들보다 지나치게 자신을 우위에 두는 사람들은 제

멋대로 오만하기 때문에 사회생활에 문제가 되기도 한다. 하지만 주위를 둘러보면 자기보다 잘난 사람들이 많다. 옆집 엄마 친구 아들부터 TV 속 멋진 주인공까지……. 자기를 제외하고는 모두 잘나서인지 그들과 자신을 비교하다가 자존감이 낮아진 것이다.

20대 때의 나는 하고 싶은 일도 없었고 되고 싶은 것도 없었다. 그렇다고 막연하게 "돈, 돈, 돈!" 하면서 부자가 되겠다고 생각한 적도 없었다. 구체적인 꿈도 없었을 뿐더러 두루뭉술한 소망 하나조차 없었고 가슴에 어떤 이상理想을 품은 일은 더더욱 없었다. 몇 군데의 직장을 스스로 포기하거나 경영난으로 쫓겨 나와야 했을 때는 '나는 열심히 살려고 하는 건데 왜 이래?'라고 생각했다. 내 인생이 왜 이런지에 대한 고민을 참 많이 했다고 생각했는데 내 답은 언제나 무턱대고 '재취업'이었다. 이 이외의 답은 없다고 생각했다. 그래서 급한 마음에 입사가 쉽게 되는 곳을 찾을 때도 있었다. 그러면서도 나는 왜 다른 사람처럼 행복하지 않은지에 대해서 스스로 자문자답할 뿐 그 어떤 조언도 구하지 않았다.

취업이 되었다고 해서 모든 것이 해결되지는 않았다. 시간이 흘러도 가슴은 여전히 채워지지 않았고 마음에는 찬바람이 쌩쌩 불어댔다. 점점 나 자신이 원하는 것이 무엇인지 찾지 못한 '실패한 청춘'이라는 딱지를 스스로 붙이며 좌절감은 개인적으로 큰 아쉬움과 함께 후회라는 감정을 남겼다. 그리고 현재에 대한 불만과 스트레스로 고

뇌의 골은 하루하루 깊어져 갔다. 나는 과연 내가 남들이 부러워하는 회사에 입사했다면 지금처럼 방황하지 않았을까 생각해 보았는데 아마 업무가 주는 과도한 스트레스와 내 길이 아니라는 생각에 역시 방황했을 것이다. 하지만 그때는 그런 곳에 취직만 하면 모든 것이 해결될 것만 같았고 남들이 다 아는 곳에 취직하지 못해서 내 자존감이 바닥을 치는 것으로 생각했다.

요새 나는 이메일이나 다른 지인들에게서 대기업이 아니면 정말 면이 서지 않고 있는 자존감마저 떨어질 것 같은데 자꾸 탈락의 고배를 마시게 되니 점점 더 살 힘을 잃어 간다는 예전에 내가 생각했던 것과 똑같은 고민을 하는 사람들을 만날 수 있었다. 결론적으로 말하면 예전의 나를 포함한 이들 모두 '자존'의 뜻 자체를 곡해한 것이나 마찬가지이다. 자존이란 내 체면을 세워서 남들의 우위에 서 있는 모습도 아니고 무조건 남들보다 더 잘나야 얻어지는 마음이 아니다. 그런데도 자존을 '남들보다 좀 더 나은 나'로 정의하고 지금 당장은 남들보다 한참 아래에 있는 것 같이 자신을 믿지 못하고 못난 사람으로 만든다. 바닥 친 자존감은 자신이 못났다는 강박관념을 넘어서 항상 자신의 시선이 본인보다 뛰어나 보이는 사람들에게만 머무르게 한다.

"자기 혐오감"이라는 말이 있다. 자기 자신을 비관하고 남과 비교하는 감정이다. 이는 자기를 싫어하고 부정적으로 바라보게 하므로 살아가는 데 있어서 큰 악영향을 끼친다. 자기 혐오감을 가진 사람들은 무슨 일을 하더라도 부정적으로 생각한다. 특히나 자기 마음 관리가 필요한 부류이다. 이럴 때 책은 스스로가 얼마나 귀한 사람인지 깨닫게 해 주는, 박웅현 저자의 표현을 빌리자면 도끼 같은 존재가 되어 준다. 자존감이란 것이 얼마나 중요하면 저자는 『여덟 단어』에서 맨 앞에 "자존"을 키워드로 두었겠는가.

이 책에서 저자는 미국 교육은 '내 안에 있는 것은 무엇인가?'를 궁금해한다면 한국 교육은 '내 안에 무엇을 넣어야 할 것인가?'를 고민하는 것이 가장 큰 차이라고 설명한다. 기준점이 내가 아니라 외부일 때 사람은 길을 잃게 되고 자신의 길을 무시하게 되는 것이다. 하지만 책은 이 길을 내 안에서 찾으라고 한다. 답 없는 사람들이 내 인생의 답을 내주겠다고 하면서 나를 대신해 이것저것 정의 내려주는 것에 좌지우지 당하지 말라고 경고한다. 사회라는 틀 안에서의 '나'는 조금도 중요하지 않고 오로지 극심한 경쟁과 결과만이 중요하지만 그 속에서도 나를 되찾아 내 자리를 찾으라는 것, 이것이 바로 지금 인문학 열풍이 부는 이유 중의 하나일 것이다.

책 없는 방은 영혼 없는 육체와 같다고 했다. 믿든 믿지 못하든 인긴은 영靈과 육肉으로 구별되는 유일한 존재이나. 영혼이 쉴 새 없이 흔들리고 외부의 강한 자극에 힘들어한다면 정신과 육체는 견딜 수가 없다. 소신을 심어 주고 내 길을 찾도록 도와주는 책이 없는 곳에 육신이 있다면 지금 내가 길을 잃어도 길을 벗어나도 나를 바로 세워줄 영적 에너지를 육체로 끌어올릴 수가 없다. 영의 에너지를 육체로 끌어올려 주는 역할을 손쉽게 하라고 성경은 이야기로 구전되어 온 것이 아니라 '책'으로 엮어져 나왔는지도 모르겠다.

깊고 굵은 육체적·정신적·영적 경험을 한 사람들의 이야기로 가득 채워진 책은 읽는 사람에게 온몸 구석구석의 깊숙한 곳으로 에너지를 흡수시킬 수 있게 한다. 영적으로 에너지가 충만하게 돌고 있어야 육체에서 활력이 솟아나고 정신이 건강하다. 자신을 받아들이고 나 자신이 다시 내게 소중한 사람이 되는 것, 이것이 바로 자존심을 키우고 지킬 방법이라고 많은 책이 이야기하는 바이다. 정신과 의사이자 작가인 크리스토프 앙드레의 『나라서 참 다행이다』에서 지금의 자신을 그대로 '받아들이는 것'이야말로 자신에 대한 자존감을 지키는 방법이라고 말한다. 자신의 있는 그대로의 모습을 받아들이기 위해서는 먼저 생각이 아니라 행동이 필요하다고 설명하고 있다.

고민과 절망에 푹 빠져봤자 아무 소용이 없으니 스스로 할 수 있는 가장 작은 일부터 시작하는 실천력이 필요하다. 실행에 옮기는 동안 '나는 할 수 없다.'고 스스로 단정 지었던 생각의 틀을 깨고 한발 더 나아갈 수 있게 되고 이러한 과정 중에서 자신의 변화된 모습을 스스로 자각하게 된다면 자존감은 한층 더 높아져 있을 것이다. 나는 이 책을 통해서 내가 생각했던 '자존'이라는 단어는 그야말로 내 생각 속에나 존재했던 추상적인 말뿐이라는 것을 알게 되었다. 그보다는 오히려 행동함으로써 얻을 수 있는 것이 '자존'이라고 생각하니 상상이 가능해지면서 오히려 친근한 단어로 다가왔다.

자존감은 외부의 누군가가 키워줄 수 없다. 그래서 책을 읽어야 한다. 책을 읽는다는 것은 그 자체로 하나의 행동이다. 읽는다는 행위를 통해서 우리는 자신을 내부부터 단단히 다질 수 있다. 물론 모든 책이 개개인에게 필요한 100%에 가까운 완벽한 처방을 내려주는 것은 아니지만 매일 대면할 수 있다는 사실만으로도 가장 매력적이다. 이것저것 생각이 많고 답답한 날, 자존감이 떨어져 있을 때는 혼자서 버겁게 이겨 내려 하지 말고 책과 함께 자신을 되찾아 보는 건 어떨까?

힘들 때일수록
책을 읽어라

지치고 힘들거나 우울함에 빠진 사람들은 작은 일조차 시도하기가 힘들다. 이럴 때는 아무것도 하지 않은 채 자기가 만든 생각의 틀 속에 갇혀 있으려고 한다. 일종의 방어 기질이기는 하지만 만약 부정적인 생각의 틀에 갇히게 되면 그 비슷한 생각이 꼬리에 꼬리를 물 수밖에 없다. 부정적인 생각은 보통 그 크기를 키워 나가서 어느새 사람을 괴롭히고 우울감에 빠지게 한다. 그래서 항상 자신이 어떤 생각을 하고 있는지 살펴야 하고 새로운 생각과 감정을 불러일으키기 위해 노력해야 한다. 이는 좋지 않은 생각의 틀을 부숴야 한다는 뜻이라고 볼 수 있다. 새로운 생각과 감정으로 마음이 채워지기 시작해야 비로소 부정적인 생각이 물러가기 때문이다.

최근에 번아웃burnout 증후군에 시달리는 사람들이 많다. 번아웃 증후군은 탈진 증후군이나 연소 증후군을 뜻하는 말이다. 어떤 일에 지나치게 집중하다 보면 어느 시점에 갑자기 모두 불타 버린 연료와 같이 무기력해지고 육체적 피로와 정신적 피로가 극도로 쌓이는데 이때 나타나는 증상이다. 직장인 가운데에서는 약 85%가 스트레스로 인한 번아웃 증후군에 시달리는 것으로 나타나고 있다니 현대사회에서는 흔한 증상이라고 할 수 있다.

『출근길 명화 한 점』의 이소영 작가는 화가다. 그녀는 일간지 〈메트로〉와 한 인터뷰에서 현대미술과 명화의 정의에 대한 자신의 견해를 이렇게 말했다.

"위로에요. 미술은 시대를 담고 있거든요. 지금을 살아가는 우리에게 현대미술은 위로가 될 수 있어요. 유명하지 않아도 걸작이라는 평가를 받지 않았어도 나한테 위로가 된다면 그것이 명화라고 생각합니다. 모나리자가 나를 위로하지 못한다면 그건 명화가 아니죠. 현대미술이 현대인들에게 위로가 됐으면 좋겠어요. 나도 위로 받기 위해 미술을 시작했으니까요, 위로 받을 곳 없는 현대인들에게 내가 받은 위로를 다시 전하고 싶어요."

위로 받기 위해 시작한 미술을 이제는 남들을 위로해 주기 위해 사용하고 있는 그녀에게 미술은 예술이자 치유제인 셈이다. 이런 나만의 치유제를 갖고 있다면 번아웃 증후군에 시달리게 되었을 때 스스로를 충전할 수 있다. 책이 바로 심각한 감정의 홍수에 시달릴 때는 큰 도움이 된다.

"어려울 때 좋은 친구가 진짜 친구다."라는 말이 있다. 생각해 보면 좋은 친구는 늘 곁에서 내 말을 들어주고 나의 편이 되어주지만, 그 존재 자체가 너무 당연해서 평소에는 소중함이 전혀 느껴지지 않는다.

하지만 자신이 어려움에 부닥쳤을 때 비로소 그 가치를 알게 된다. 책은 바로 이 좋은 친구와 같다. 독서는 당장 드라마틱한 치유 효과를 발휘하지는 못하지만 조용히 삶으로 들어와 매일 맞닥뜨리는 다양한 문제로 인한 심리적 아픔이나 스트레스를 씻겨 줄 뿐만 아니라 긴장을 해소해서 내면의 평온을 찾아 준다. 평온하면 사람은 여유가 생기는 법이다.

늘 바쁘다고 하는 직장인들이 책을 읽고 나서 오히려 시간적 여유가 더 생긴 것 같다는 말을 종종 듣기도 하는데 이는 마음의 여유가 생겼다는 것과 일맥상통하는 말이다. 역설적이게도 시간을 쪼개서 책을 읽는데도 읽을수록 자기를 위한 시간을 더 많이 확보하게 되는 것이다.

조원경 씨는 대구에서 책 쓰기 코치 겸 간호사 체험 강사로 일하고 있다. 그녀는 얼마 전까지 간호사였다. 그녀는 삼교대로 돌아가는 근무 환경 속에서 몸과 마음이 지치는 날이 많았다. 하지만 책을 읽으면서 어려운 시간을 버틸 수 있었다. 책을 읽는 것만으로도 충분히 좋은 자극을 받고 마음의 짐을 덜고 스스로를 충전시킬 수 있었다.

영국 서섹스 대학교 인지심경심리학과 데이비드 루이스 박사팀의 연구 결과 가장 좋은 스트레스 해소법은 독서였다. 연구팀은 독서, 산

책, 음악 감상, 비디오 게임 등 각종 스트레스 해소법들이 스트레스를 얼마만큼 줄여 주는지 측정했다. 책을 약 6분가량 읽을 경우 스트레스가 68% 감소했으며 심박 수도 낮아지고 근육이 이완됐다. 그 뒤를 이어 음악 감상, 커피 마시기, 산책 등의 순이었다. 루이스 박사는 "경제 상황 등이 불안정한 요즘 현실에서 탈출하고 싶은 욕구가 크다. 무슨 책을 읽는지는 중요하지 않으며 작가가 만든 상상의 공간에 푹 빠져 일상의 걱정 근심으로부터 탈출할 수 있으면 된다."고 조언해 주었다.

최근에 아이들뿐만 아니라 어른들이 자신을 위해 동화를 읽기 시작했다. 한국소비자원의 〈소비자 시대〉에서는 오이겐 드레버만의 말을 인용하여 "삶은 깨어진 꿈, 실패한 관계, 상실한 기대와 늘 다시 나타나는 불행으로 가득 차 있다. 그렇지만 이 때문에라도 어른들에게는 반드시 동화가 필요하다. 동화를 통해 어떤 경우에도 절망의 상황을 결코 최종적인 것으로 받아들이지 않는 법을 배우는 것이다." 라고 어른들 사이에서 부는 동화 열풍을 설명했다.

동화가 각박하고 치열한 현실 속에서 어느새 녹초가 된 마음을 지키고 상처받은 마음을 치유해 주는 역할을 하게 된 것이다. 또한 어른들이 그동안 잊고 지낸 순수함과 감동을 그대로 느낄 수 있어서 현실과는 다른 희망과 행복의 메시지를 만날 수 있다.

가끔 스트레스를 자극적인 활동으로 풀려는 사람들이 있다. 시끄럽고 사람들이 북적거리는 곳에서 심신의 쉼을 기대한다. 하지만 그런 자리에서는 잠깐의 쾌락은 있을지 모르지만 번아웃된 심신을 회복하기 힘들다.

사실 어려운 일이 있을 때는 세상에 대한 한탄과 인생에 대한 불만을 쏟아내는 사람들과 함께 있는 것보다는 혼자 조용히 자기 자신과 마주해야 한다. 시끌벅적한 시간이 지나고 혼자 있게 되었을 때는 더 침울해지기 때문이다. 그래서 하루에 조금씩이라도 이러한 세상과 떨어져서 조용히 자신만의 시간을 갖고 내 고민과 생각을 정리하고 나 자신과 나누며 안정을 되찾아야 한다. 이 시간에 책이 함께한다면 더할 나위 없는 친구를 옆에 두는 것이나 마찬가지이다. 그 종류야 어떻든지 간에 힘들 때 함께하는 책은 무엇보다 큰 위로와 안식을 선사한다.

조용한 쉼과 배움은 좋은 책을 통해서 찾을 수 있다. 좋은 책이라는 것은 사람마다 다르다. 자신의 취향이나 눈높이에 맞는 책이 가장 좋은 책이기 때문이다. 아동용 도서든 컬러링 북이든 자신에게 맞는 책으로 언제 어디서나 마음을 열고 읽을 수 있다. 그러니 이것저것 생각하지 말고 오로지 나만을 생각하며 책을 한번 골라 보자. 나와 맞는 책에 푹 빠지면서 오늘 하루 버겁고 어지러웠던 일상과 그 일상 속에서 힘들었던 모든 마음을 내려놓고 잠시 '쉼'을 청해 보는 것은 어떨까.

책에서 나의
지지자를 만나라

"가족이 핵심이다.", "가족이야말로 사회의 버팀목이다."는 요새 자주 등장하는 문구다. 물론 가족은 어느 누구보다 소중하고 사랑스러운 존재이다. 사회적으로도 가족의 중요성은 재조명되고 있다. 그런데 사실 살다 보면 가장 설득하기 힘들고 이해해 주지 못하는 사람 역시 가족 속에 있을 때가 많다. 특히 성과를 눈앞에 보여주기 전까지는 좀처럼 응원군이 되어 주지 못하는 가족은 친구나 동료보다 냉정해 보일 때도 있다. 우리는 언제나 가장 가까운 사람의 무조건적인 이해를 빌고 믿음을 얻고 싶다. 하지만 왜 이렇게 가족의 무조건적인 마음을 얻는 것이 힘든 것일까?

나는 책 읽는 것에 대해서 크게 지지를 받지는 못했다. 전에는 책을 읽고 나서 일정한 시간이 지나면 버리고 새로 읽을 책을 다시 사거나 아예 서점에서 책을 봤다. 이유는 내 방이 좁아서 책을 놓을 공간이 없어서였다. 나도 잘 아는 바였다.

하지만 어느 순간부터 책을 버리는 것도 아깝고 마음에 드는 책이 내 것이 아닌 것은 더 아쉬웠다. 그래서 좁은 방에 책을 쌓아 두게 되었다. 엄마는 나를 이해하지 못했다. 좁은 방이지만 내가 어떻게든 이고 지고 두겠다는 데 왜 싫은 소리를 들어야 하는지. 나는 나 나름대로 엄마가 이해되지 않았다.

하루는 우리 집에 70권의 책이 한꺼번에 배달되어 온 적이 있었다. 그때는 내가 하루에 한 권 읽기에 도전하는 중이었다. 하지만 70권의 책이 온 날 엄마는 굉장히 심각한 표정으로 책들을 보시고는 한숨을 쉬셨다.

스타벅스 CEO 하워드 슐츠는 잘나가던 글로벌 회사의 부사장이 었다. 남부러울 것 없는 그가 어느 날 스타벅스 커피에 매료되어 자신의 인생을 커피에 걸겠다고 했을 때 지지해 주는 사람은 한 사람도 없었다. 사실 슐츠는 한다면 하는 사람이었다.

어려운 가정 형편에서도 스스로의 힘으로 대학을 나오고 샐러리맨으로 일할 때도 누구보다 훌륭한 성과를 올렸다. 부사장직에 오를 때에도 꽤 이른 나이였다. 가시적인 성과가 찬란했지만 그가 부사장직을 버리고 꿈을 찾아가겠다고 했을 때는 그동안 보여 주었던 가시적인 성과물들이 있었음에도 누구의 이해도 받지 못했다. 그의 어머니 역시 걱정뿐이었다. 하지만 자신의 꿈에 확신을 갖고 일을 추진했고 주변의 우려와는 달리 스타벅스를 세계적인 기업으로 키워냈다.

가끔 가장 가까운 곳에서 나를 지지해줄 줄 알았던 사람들은 걱정, 안타까움의 딱지를 붙이고는 쓴소리를 한다. 하지만 이것은 우리 가족들이 독하거나 마음이 차가워서가 아니다. 그동안 보여준 가시적인 성과가 있든 없든 상관없이 가족은 우리의 생각처럼 시종일관 우리를 믿고 기다리며 지지해 주기에는 너무 나약한 존재일 때가 많은 것뿐이다. 하지만 우리가 읽는 책은 다르다. 자신이 듣고 싶은 말을 해 주고 마음을 토닥여 주며 최고의 응원군이 되어 준다. 한편 믿지 못해서 하는 쓴소리나 상처 주는 말이 아닌 진심에서 우러나온 독설로 인생이나 마음의 방향을 잡아 준다.

예전에는 내가 다른 사람보다 조금 더 민감한 것 같아 고민이 많았다. 좀 둥글둥글한 성격으로 헤헤거리고 싶은데 그렇지 못해서 나 자신의 예민함이 싫었다. 깊게 잠들지 못하는 편이었고, 걱정거리가 생기면 사흘 밤낮을 가슴에 담고 있어야 했다. 하지만 일레인 N.아론의 『타인보다 더 민감한 사람』을 읽게 되면서 내 민감함을 그리 싫어하지 않게 되었다.

"민감함을 걱정히는 당신에게"라는 제목의 시문부터 나를 일깨워 주었고 내가 민감함에 대해 걱정하는 것이 그저 쓸데없는 걱정이라는 느낌을 주었다. 서문의 한 구절에 이런 말이 있다.

"민감한 사람들은 감정이 풍부하다. 좋은 일이 있으면 더 행복해하고 나쁜 일이 있으면 더 좌절한다. 중략 어떤 일이 일어났을 때 우리는 가장 먼저 감정을 느낀다. 그 감정이 우리에게 어떤 일이 있었는지에 대해 곰곰이 생각해 보게 하고, 다시 똑같은 상황이 생기면 그 지식을 사용할 수 있다. 게다가 우리는 뭔가를 배울 때 감정적으로 관여하면 더 효과적으로 배운다. 이처럼 정보를 보다 세심하게 처리하는 사람일수록 감정이 풍부하다."

이 말만 놓고 보면 나는 감정이 풍부한 사람이었다. 생각해 보니, 예전에 어떤 분이 내게 좋은 것을 실컷 표현하는 게 보기 좋다고 말씀하셨다. 어쩌면 이런 점은 내가 약간은 민감하기 때문에 풍부하게 표현되는 것일지도 모른다고 생각하니 한층 기분이 나아졌다. 책을 선택하기 전의 우울함은 서문에서부터 사라졌다. 주변에서 절대로 구할 수 없는 조언이었다.

한 번은 아는 지인이 회사 일이 힘들다며 그만둘까 말까 고민을 했다. 나는 그녀에게 윤정은 저자의『출근만 하면 다 될 줄 알았어』를 선물해 주었다. 평소 책은 읽지 않는 사람이란 것은 알고 있었지만 선물로 주면 언젠가는 읽을 것으로 생각했다. 그녀는 한동안 책을 내팽개쳐 두었지만 이 책을 집어 들었던 어느 날 단숨에 읽어 내려갔다고 했다. 나중에 자기가 생각했던 것보다 이 책이 도움이 많이 되었다고 대답했을 때는 내 마음도 뿌듯했다. 그녀는 자신은 먹고살려고 이렇게 일해서 무엇이 남는 건지 괴로울 때 마침 이 책을 통해서 밥벌이가 자기 생각보다 숭고한 사명임을 알게 되었다고 말하며 일이 조금 지치고 힘들다고 괜히 쓸데없는 생각에 시간을 빼앗겼다고 반성도 했다고 한다.

만약 회사 다니기 싫다는 말을 가족에게 꺼냈다면 어땠을까? 그녀는 아마 쫓겨났을지도 모르겠다고 했다. 하지만 책을 읽고 자신이 처한 현실을 위로받고 이해받으니 다시 생각할 힘도 얻었다. 그녀는 책에서 얻은 천군만마 같은 한 마디로 오늘도 다시 한 번 자신의 밥벌이가 생각했던 것만큼 시시하지 않다는 것을 가슴에 새기며 출근하게 될 것이다.

살면서 나를 이해함과 동시에 지원해 주는 아군은 별로 없다. 하지만 충직한 신하처럼 책은 아군으로 남는다. 책은 나 자신을 잘못 바라보고 있거나 상황을 곡해하고 있을 때조차 '다시 되돌아갈 수 있고, 다시 시작할 수 있어.'라고 말하며 회초리보다는 먼저 나를 위해 주고 지지해 주며 가장 가까이에서 기꺼이 내 편이 되어 준다. 그러니 아무도 내 편이 되어 주지 않는다고 생각할 때, 진실한 조언이 필요하다면 바로 책을 펼치자.

독서로 마음의
근육을 키워라

알랭 드 보통은 저서 『불안』에서 사람들이 가진 불안의 뿌리는 다름 아닌 성공에 있다고 했다. 사회에서 기대하는 성공이 중심이 되면 실패는 곧 끝이라는 인식으로 인해 사람들은 더욱 경쟁해야만 하고 그로 인해 또다시 불안해질 수밖에 없다는 것이다.

특히 한국 사회는 성공이나 출세에 대한 강박관념이 어느 나라보다 지나친 곳이다. 게다가 한 번 실패하면 재기하기 어렵다는 사회적 분위기는 이러한 불안함을 부추기는 역할을 한다.

직장 생활에 시달리는 사람들은 더더욱 불안이라는 단어가 실감이 난다. 성공은 고사하고 언제 어떻게 퇴출당할지 모르는 위기감 속에서도 아무렇지 않은 척해야 한다. 마치 백조가 수면 밖에서는 우아하지만 수면 아래에서는 수면 위의 우아함을 위해 힘겹게 쉴 새 없이 발을 내저어야 하는 것과 같다.

가끔 어디론가 훌쩍 떠나고 싶은 마음이 일 때가 있다. 현실도피. 이것은 상당히 부정적인 어감의 단어이다. 현실의 모든 것을 회피하고 책임질 일들은 뒤로 한 채 자신의 세계로 숨어들어 가는 것을 의미하기 때문이다. 하지만 때로는 잠시 세상에서 멀어지고 싶을 때가 누구에게나 있기에 경우에 따라서는 그리 부정적인 단어라고 볼 필요는 없는 것 같다.

니나 상코비치의 책『혼자 책 읽는 시간』의 표지에는 "책은 삶속으로 들어가는 도피처이다."라는 인상적인 문구가 있다. 상코비치는 이 말처럼 책 속으로 도피하듯 떠나지만 결국 다시 돌아오기 위해 책을 읽는다. 더욱 깊어진 자기에 대한 이해심과 단단해진 마음을 가지고서 말이다.

한 연구에 따르면 책을 읽는 것은 알츠하이머와 치매 같은 질병에 도움을 준다고 한다. 뇌를 활동성이 있고 힘 있게 해 주기 때문이다. 마치 운동으로 몸속의 근육이 더욱 탄탄해지듯이 뇌 역시 더욱 강해지기 위해 운동을 필요로 하는 셈이다.

마음도 마찬가지이다. 단련을 통해서 내적 근육을 단련할 수 있다. 마음의 근육을 키워야 하는 이유는 다시 돌아오기 위해서이다. 방비되지 않은 상태로 살다가는 언제 어떤 난관을 만나 좌절하고 분노를 표출할지 알 수 없고 부정적인 어감의 현실도피처럼 정말 현실에서 도망치고 싶을지도 모르기 때문이다.

사실 세상은 살수록 만만치 않은 곳임이 틀림없다. 내 적성에 맞지 않은 일을 열심히 해야만 할 때나, 꿈을 향해 달려가고 싶지만 자신이 처한 환경이나 주변 상황이 허락해 주지 않을 때는 긴 시간 이리저리 흔들리게 된다. 회사에 다니며 열심히 일은 하고 있지만 마음이 일에서 멀어져 있다는 것을 스스로 느끼면서 여기저기 기웃거릴 때도 있다. 심지어 주위를 둘러보면 남들은 뭐든지 척척 다 해내는 것 같은데 자신은 그들과는 달리 아무것도 할 줄 아는 것이 없다는 것을 깨닫게 되면 큰 좌절감에 빠지기도 한다. 이 모든 것에서 도망치고 싶고 좀 멀리 떠나고 싶다. 목적지 없이 무조건 어디론가 떠나고 싶은 마음을 방황이라고 불러도 좋을 것이다. 사람은 변화하고 싶을 때라면 잠시라도 방황의 길에 들어서기 마련이다. 그런데 이 방황을 책에서 하면 어떨까.

책을 즐겨 읽는 사람들이 이구동성으로 하는 말이 있다. 독서를 하다 보면 여러 상황이나 인물들과 만나기 때문에 간접 경험을 깊이 할 수 있다는 것이다. '나라도 이렇게 했을까?', '나라면 어떻게 했을까?'라는 것을 생각하며 책을 읽다 보면 이런저런 상황에 대처하는 방법을 알 수 있다는 것이다. 책을 통해 울고 웃으며 감정 제어 방법을 배울 수 있고 이러한 과정을 통해서 자신의 감정을 좀 더 순화시키고 나아가서는 자신을 절제할 수 있다는 것을 배울 수 있다.

나폴레옹은 코르시카 출신의 식민지 촌뜨기였다. 프랑스의 식민지에서 태어난 그는 프랑스어를 잘하지 못해서 동급생들의 놀림을 받았다. 지금 말로 왕따였던 그는 친구들과 어울리지 못해서 언제나 책과 함께 시간을 보냈다. 그 당시 그에게 가장 큰 영향을 주었던 책은 『플루타르크 영웅전』이었다. 그는 이 책을 평생 손에서 놓지 않았다고 한다.

이 책은 그에게 리더가 될 수 있다는 희망과 꿈을 심어주고 그를 지지해 주었다. 15세가 되어 파리의 사관학교에 입학했을 때에도 여전히 혼자였던 그는 독서에 빠져서 생활했다. 그는 폭넓은 독서를 하면서 마음의 고독을 이겨 내고 자신을 스스로 지탱할 힘을 키웠다.

오프라 윈프리는 '12년간 토크쇼 시청률 1위', '타임지 선정 20세기 영향력 있는 인물 100명 중 한 사람' 등등 갖가지 수식어가 따라붙는 사람이다. 이런 멋진 그녀는 자신의 성공 원천으로 단연코 독서를 뽑았다.

사실 그녀는 사생아로 태어나서 흑인이기 때문에 심한 차별을 견디며 자라야 했다. 어릴 때 성적 학대도 당했으며 그로 인해 14살에는 출산을 경험하기도 했을 뿐만 아니라 20대 초반에는 마약을 복용하기까지 했다. 이렇게 굴곡 많고 상처 많은 인생을 산 사람에게서 뭇사람들이 성공을 기대하기는 사실상 힘들다. 하지만 그녀는 한 사람이 어떻게 역경을 극복할 수 있는지를 보여 주며 현재까지도 많은 사람의 멘토로 살고 있다.

남들은 상상하기조차 힘든 삶 속에서 그녀를 지탱시켜준 것이 바로 책이다. 친어머니와 살 수 없게 된 오프라 윈프리는 아버지와 새어머니 밑에서 자라게 되는데 새어머니는 그녀에게 독서와 관련된 교육을 했다. 책에 푹 빠져서 교실에서도 책만 읽는 책벌레가 되었다. 아이들은 흑인에 책만 읽는 그녀를 마구 놀려댔지만 그녀는 그럴수록 더욱더 책을 읽어 나갔고 한 선생님은 그녀가 책을 읽는 모습을 눈여겨보고는 니콜릿 고등학교 장학생으로 입학할 수 있게 도와주기도 했다. 그녀는 흑인으로서의 차별이나 자신을 향한 조롱에서 오는 모든 슬픔과 고통, 외로움을 책에서 위로받고 견뎌냈다.

평소에는 책을 읽어온 사람과 읽지 않은 사람의 차이가 별로 없다. 하지만 위기가 닥쳐와서 절망과 좌절이 시작될 때 비로소 독서했던 사람의 진가가 발휘된다. 나폴레옹이나 오프라 윈프리같이 주변과 친구의 따가운 시선이나 핀잔에도 지속해서 도전할 용기를 낼 수 있었던 것은 모두 정신적인 지지 기반인 책이 있었기 때문이었다. 책을 읽으면서 마음 근육을 단단하게 했던 이들은 아무리 어렵고 힘들지라도 언제든지 새 출발을 할 수 있었다.

심리학에서 말하는 '수용'은 자신의 문제에 직면해 올바르게 성찰하는 것을 일컫는다. 인생이 괴롭다는 것은 우리가 수용하지도 않고 바뀌지도 않는다는 전제하에서 이루어진다. 즉 인생을 조금 덜 괴롭게 살기 위해서는 이 전제 조건을 바꾸고 달리 볼 수 있는 지혜를 얻어야 한다. 우리는 책에서 그 지혜를 엿볼 수 있으며 직면한 상황들을 '어떻게 받아들이느냐?'하는 것도 배울 수 있다.

독서는 장인에게
멘토링을 받는 것이다

세상을 지배했던 알렉산더 대왕에게는 아리스토텔레스라는 훌륭한 멘토가 있었다. 아리스토텔레스가 처음 알렉산더를 맡아 교육을 시작했을 때 왕자였던 알렉산더는 공부를 전혀 좋아하지 않았다. 게다가 성격도 온순하지 않아서 아리스토텔레스를 힘들게 했다. 그래서 아리스토텔레스는 초반에 가정교사 일을 포기하려고 하였으나, 알렉산더의 아버지인 필립 왕 때문에 마음을 돌리고 알렉산더를 계속 맡아 가르쳤다.

아리스토텔레스의 교육 덕분에 알렉산더는 배움에 재미를 붙이고 점차 스승을 존경하는 제자로 변모해 갔다. 아리스토텔레스가 주석을 달아 준 『일리아드』를 원정길에 가지고 다니며 수시로 꺼내봤다는 일화가 전해질 정도로 왕이 된 후에도 책과 가까이하며 학문에 대한 사랑을 잃지 않았다.

중국 젊은이들 사이에서 최고의 스타는 연예인이 아니다. 바로 알리바바의 마윈이다. 심지어 그의 사진을 집에 붙여놓고 매일 절하는 사람도 있다고 하니 정말 대단한 인기가 아닐 수 없다. 한국어 번역판인 『알리바바 마윈의 12가지 인생강의』에서는 공부를 잘하지는 못했지만 중학교 때 만난 지리 선생님의 가르침으로 영어 공부에는 흥미를 붙였던 마윈의 일화를 볼 수 있다.

첫 수업 시간에 지리 선생님께서는 호숫가에서 만난 몇몇 외국인에게 도움을 주었던 일화를 말씀하시며 자신의 도움을 받은 외국인들이 연신 고마움을 표시했다고 했다. 그리고 영어를 공부해야 하는 이유를 "외국인이 질문했을 때 대답을 못 하면 중국 전체가 부끄러워지는 것"이라고 강조했다.

어린 마윈은 이 이야기를 가슴 깊이 새겨 넣었다. 그 후부터 그는 매일 영어 방송을 듣고 외국인이라도 마주치면 먼저 다가가서 대화하기를 서슴지 않았다. 남들이 부족한 그의 영어 실력을 비웃어도 전혀 개의치 않았다.

인생에서 멘토가 있는 것과 없는 것은 큰 차이가 있다. 도움을 받고 조언을 구할 수 있을 뿐만 아니라 자신이 전혀 생각지도 못했던 것을 어느 순간 일깨워 주기 때문이다. 이런 사람이 옆에 있다는 것은 그 자체로도 든든한 일이며 살아가는 데 있어서 큰 힘이 되어준다.

옛날 농경 사회에서는 부모들이 직접 살아가는 방법, 농사나 가축 기르는 법 등을 자녀들에게 가르치며 삶과 인생에서 최고의 멘토가 되어 주었다. 혹은 책 속 위인들이 멘토가 되는 경우도 많았다. 하지만 지금은 부모 세대와 다르게 빠른 변화로 인해 부모에게서 대물림되면서 배울 수 있는 지식은 지극히 한정되어 있고, 현대에 들어서면서는 각종 스마트한 기기에 밀려서 사람들은 독서에 소홀하게 되었다. 그 결과 많은 청소년은 책 속 인물들보다는 친근한 연예인을 멘토로 꼽고 있을 정도이다. 물론 품행이 바르고 귀감이 되는 연예인을 본받는다는 것은 좋지만, 이들은 항상 옆에서 나를 챙겨 줄 수 있는 존재는 아니다.

특히나 어른이 된 후, 직장에 들어간 후 등 우리에게는 조언이 필요한 관문들이 인생 곳곳에 산재되어 있다. 필요한 조언을 필요한 순간에 해 줄 수 있고, 쉽게 만날 수 있는 멘토가 절실하다. 그래야 언제라도 도움을 요청할 수 있고 새로운 길을 모색하는 방법도 배울 수 있기 때문이다. 멘토를 당장에 만날 수 없다면 우리는 책 속에서 만날 수 있다.

나도 책에서 내 마음가짐에 대한 멘토링이 되었다고 느낀 적이 있다. 살다 보면 우리는 간혹 가다 자신과 코드가 맞지 않는 사람들을 만나고는 한다. 나는 예전에는 이들을 "내가 싫어하는 사람"이리고 표현했다. 하지만 법륜 스님의 『행복한 출근길』을 보면서 이것이 얼마나 잘못된 생각인지를 알게 되었다.

"입장을 바꾸어 보아서 그럴 만도 하겠다고 생각하면 마음의 섭섭함도 없어지고 화도 없어지게 됩니다. 그러면 만나도 불편하지 않고,

일도 같이 할 수 있는 거지요. '내 카르마도 못 고치는데 내가 어떻게 남의 카르마를 고치겠나?' 이렇게 인정하고 나면 나와 맞지 않는 사람과도 같이 일할 수 있고 같이 살 수 있습니다."

내게 이 구절이 마음가짐에 대한 지침으로 확 와 닿았던 시기는 우리 회사가 이 년 전쯤에 외주업체를 변경했던 때와 맞물려 있다. 이전 외주 업체 담당자분은 일을 잘해 주었을 뿐만 아니라 우리 회사와 오래 일하시던 분이라서 회사 직원들의 성향도 이미 어느 정도 아시고 계신 터라 서로 협력이 잘되었다.

몇 년간 함께 근무해서 익숙해진 이 외주 업체와 일하는 것이 나도 마음이 편했다. 무엇보다 믿을 수 있었다. 하지만 업체가 바뀌고 난 후에는 처음부터 서로의 업무 스타일 파악에 들어가야 했고, 하나부터 열까지 다시 맞춰야 했다. 그리고 업무 분담이 이전의 외주 업체와는 완전히 달랐다. 이전에는 담당자 한 분이 우리 회사 관련 업무를 전담하다시피해서 그분과만 통화하고 자료도 그분에게 전달하면 되었지만 바뀐 업체는 달랐다.

담당자가 한 분 있기는 했지만 그분뿐만 아니라 다른 분에게도 자료를 건네야 했다. 전화 통화 역시 한 명이 아니라 이 사람 저 사람과 통화해야 할 때가 많아서 번거로웠다. 팩스 한 번 보내면 끝날 일을 팩스도 보내야 하고 이메일도 보내야 했기에 한 번 더 움직여야 했다. 그러다 보니 괜히 걱정되는 마음에 다시 이메일로 보냈던 내용을 다시 메신저로 언급해 주고, 보낸 자료 파일을 또 다시 보내 주었다. 똑

같은 일을 두 번 세 번 해야 한다는 것은 생각만으로도 나는 짜증났다.

사실 외주 업체에서 일하는 사람들이 싫다 라기보다는 일의 프로세스가 마음에 들지 않는 것이었지만 일하는 주체가 사람이다 보니 나는 결국 그들과는 손발이 맞지 않는다고 투덜댔다. 지금은 그만두신 전 부장님께서는 그래도 어찌하겠느냐고 잘 맞춰보라고 하셨다.

나도 알고 있는 바였다. 나는 사람이 싫은 게 아니라는 것을. 하지만 하루하루 불만이 쌓여서 바뀐 업체 직원들과는 그다지 친하게 지내고 싶지도 않았다. 그러다 접한 이 책에서 나는 '여기서 일하고자 택한 것은 결국 나 자신인데 쓸데없이 온갖 것이 다 마음에 들지 않는다고 투정부리고 있구나.'라는 것을 깨달았고 반성하게 되었다. 절이 싫으면 중이 떠나라고 했지만 떠나기는 또 싫었다. 그러니 프로세스가 나와 맞지 않는다고 사람들이 일을 빠릿빠릿하게 하지 못한다고 불평할 것이 전혀 없었다.

책을 읽으면 타인들을 조금은 더 부드럽게 보게 된다. 자기도 모르는 새에 날 선 편견이나 선입관이 줄어들게 되는 것이다. 책에는 여러 상황과 문제에 놓인 사람들이 있다. 그리고 그것들에 대해 나름의 솔루션을 확인하면서 이해와 배움의 확장이 이루어지기도 한다.

남이 쓴 책을 읽다 보면 아집으로 똘똘 뭉쳤던 마음의 문이 조금씩 열리게 되는 경험을 하게 되는데 이런 경험들이 쌓이면 "다른 것은 있어도 틀린 것은 없구나."라는 말이 참임을 깨닫게 되고 다른 사람들이 가지고 있는 고유성을 이해하고 싶어진다. 이렇게 책들이 전하는 메시지에 의해 타인의 삶에 대한 이해를 넓히다 보면 자기 삶에 대한 이해도 깊어지고 앞으로 어떻게 살아가야 할 것인지에 대해서도 다시 생각하게 된다. 책이 전반적인 삶의 멘토링을 해 주고 있는 셈이다.

책은 생각보다 힘이 세다. 거부하지만 않는다면 알려고 하는 모든 것을 알 수 있고 배울 수 있다. 멘토의 부재라고 일컫는 시대에 책이 중요한 이유는 삶의 방향을 알려주고, 그 방향을 다시 한 번 생각해 볼 수 있게 해 주기 때문이다.

직접 말로 바로 알려 주는 것보다 느릴지는 모르지만, 그 느림 속에서 인내라는 또 다른 가르침을 받을 수 있는 것이 바로 책이라는 멘토가 가진 매력이다. 그 매력에 흠뻑 빠질 수 있다면 우리는 매일매일 든든한 마음으로 살아갈 수 있을 것이다.

조금은 멀리
보는 것이 중요하다

톨스토이는 "모두가 세상을 변화시키려고 하지만 정작 스스로 변하겠다고 생각하는 사람은 없다."라고 일침을 가했다. 그럭저럭 사는 삶 중에는 오늘은 어제와 같고, 내일은 오늘과 별반 다를 게 없을 거라는 갇힌 생각만으로 풍요로워질 수 있는 미래를 좀먹는 사람들이 많다. 하지만 책을 읽는 사람들은 다르다. 콕 집어서 설명할 수는 없지만 그들은 변화가 오고 있음을 감지하고 부인하지 않는다. 또한 변화는 시대의 조류이며 그들이 예상하는 것보다 더 빨리 오고 있다는 것도 인정한다.

사람들이 생각할 때 책은 인쇄되어 나오기까지 시간이 걸리기 때문에 책이란 매체가 인터넷 뉴스나 신문보다 느리다고 생각할 수 있다. 변화와는 큰 상관이 없는 것 같아 보이기도 한다. 하지만 이것은 크나큰 오해다. 변화의 바람에 책이 선두 주자로 나서고 있는 사실에 대해『서른 살 직장인 책 읽기를 배우다』의 저자는 다음과 같이 말한다.

"'김위찬'이란 영민한 학자가 세계적으로 잘나가는 기업들의 특성과 공통점이 경쟁을 피해 블루오션을 개척한 것임을 깨닫고 이를 책으로 내는 것이 가장 먼저다. 이렇게『블루오션 전략』이란 책이 나오면 가장 먼저 신문들이 책을 소개하는 기사를 쓴다. 이런 새로운 책이 나왔다 '참고하라'는 것이 바로 출판 기사의 존재 의미다. 신문에서 보도가 나오면 대개 그다음에야 비로소 방송이 주목한다. 중략 가장 느려 보이는 매체, 가장 낡은 미디어로 여겨지는 책이 실제로는 가장 빠른 매체다. 새롭게 쏟아지는 수많은 정보와 지식은 대부분 책으로 처음 알려지게 된다."

책은 가장 빨리 새로운 지식과 정보를 조달해 주는 역할을 하므로 직업인이 필요한 지식을 습득하는 데 도움을 줄 수 있다. 빠른 변화의 선두 주자에 서 있기 때문에 트렌드를 파악할 수 있을 뿐만 아니라 독자 나름대로의 분석도 가능하게 한다. 그뿐만 아니라 이해하지 못했던 것을 이해하게 해 주고, 당연하게 여겼던 것을 당연하지 않게 보게 한다. 나아가서는 넓은 사고를 할 수 있게 해 주어 좀 더 여유로운 마음을 가지고 지금 당장 일에만 목매지 않게 해 준다.

변화의 속도가 점점 걷잡을 수 없이 빨라지는 지금 책을 손에서 놓게 된다면 우리는 변화의 방향을 가늠할 새도 없이 허둥지둥댈 수밖에 없다. 꾸준하게 읽는다는 것은 이러한 불확실함 속에서 변화의 바람을 느끼고 그 속에서 자신만의 방식을 찾아 만들어 가는 과정이다. 많이 읽고 많이 생각할 때야 비로소 우리는 변화하는 세상 속에서 자신의 길에 대한 확신을 얻고 즐거움과 창의성을 향한 성장의 열매를 맺을 수 있다.

　책 읽기의 목적은 여러 가지가 있겠지만 그중에 하나는 자신이 기존에 고수하고 있는 사고방식을 바꾸거나 깨뜨려서 다른 세상의 이면을 들여다볼 수 있다는 것이다. 기존에는 전혀 알아보지 못했던 것들을 감지할 수 있는 시야를 갖게 된다. 이렇게 하기 위해서는 기존에 읽었던 책이 아니라 낯선 책에 도전해야 한다. 처음에는 읽기가 버겁겠지만, 가끔 자신의 틀을 깨뜨려 주고, 새로운 시각을 전하는 책들이 뇌를 살아 숨 쉬게 해 준다.

　미국의 생리학자 리 벤 베일른이 발표한 '레드퀸 효과'라는 것이 있다. 주변 환경이 매우 빠르게 변화하기 때문에 제자리에 머물려고 한다면 그 변화 속도만큼의 노력이 필요하다는 뜻이다. 이 말을 달리 해서한다면 긴 안목 없이 현재 상황에 안주한다면 같은 지리에 서 있기가 힘들 뿐만 아니라 오히려 뒤로 더 밀려나 도태될 뿐이라는 의미로 해석될 수도 있는 것이다. 그래서 지금 자리를 지키기 위해서라도 열심히 뛰어야 한다. 이 뜀박질이 가능하게 만들어 주는 것 역시 책이다.
　책 속에 나오는 것은 예측일 뿐 확실한 미래는 아니다. 하지만 적어도 읽는 사람은 변화의 필요성을 알게 되고 기존의 사고와 생활 방식에서 변화가 필요하다는 것을 지속적으로 인식하게 된다. 즉 변화의 물꼬는 터 줄 수는 있다는 뜻이다.

처음 변화를 시도할 때에 어려운 것은 늘 해 오던 버릇이나 습관을 한 번에 고치기가 쉽지 않다. 하지만 일단 변화의 물살을 타기 시작하면 그다음에는 변화가 어렵지 않다. 책 읽기도 이와 같다. 일단 옆에 두고 읽기 시작하면 습관이 되고 습관이 되고 나면 다시 책을 읽게 되는 것은 어려운 일이 아니다.

책을 읽는 것이 지금 익숙하지 않고 힘들어도 상관없다. 중요한 것은 책을 놓치지 않겠다는 마음 자세이다. 일단 언제든지 책을 가지고 다니겠다고 마음만 먹는다면 손쉽게 가까이할 수 있고 펼쳐 볼 수 있다. 시작이 어렵더라도 조금씩 꾸준히 읽어나간다면 내면이 차오르고 변화를 받아들이게 되는 시점이 오게 된다. 실질적인 변화가 필요한 때에도 자신을 도와줄 최고의 나침반으로 책을 선택하길 잘했다고 생각할 날이 올 것이다. 변화를 구하는 이에게 책은 항상 열린 답을 내어줄 것이기 때문이다.

3 장

내 길이 아닌 회사에서
내 길 찾는 독서법

계획적인 독서로
임계점을 넘어라

행복은 이 시대의 화두이다. 한 연구에 의하면 여가 시간을 TV와 함께 보낸 사람보다 책과 보낸 사람의 행복 지수가 높다는 결과가 나왔다. TV는 일시적으로는 행복감을 상승시켜 주지만 책은 장기적으로 사람에게 안정과 행복을 느끼게 해 주기 때문이다.

책을 읽으면 지식의 확장으로 뇌가 느끼는 즐거움이 더할 뿐만 아니라 의식과 내면의 변화로 인해 자신과 세상을 더 넓게 보고 수용할 수 있는 태도를 갖출 수 있다. 그래서 독서의 목적은 읽는 사람에게 이러한 태도를 갖출 수 있도록 변화를 끌어내는 것이 되어야 할 것이다. 그렇다면 어떻게 이 변화를 끌어낼 수 있을까?

"임계점"이라는 말이 있다. 물질의 성질이 바뀌는 것을 의미하는데, 물질이 변화하기 위해서 절대적으로 요구되는 온도와 압력을 지칭한다. 물이 100℃가 되어야 끓어 수증기로 변하거나 도자기 그릇이 1,000℃ 이상의 온도를 견뎌 상품으로 나올 수 있는 것은 모두 임계점을 돌파했기 때문이다.

독서에도 임계점이라는 개념이 쓰이고는 한다. 보통 200권 이상을 지식의 양적인 측면이 어느 정도 채워지는 임계점으로 보는데 나 역시 이에 동의한다. 지식이 어느 정도 축적되어야 책을 읽을 때 적당한 속도도 나고 의미 파악이 쉽기 때문이다.

또한 '추천 독서 목록'이나 권위자의 말에 휘둘리지 않고 소신껏 자신에게 맞는 책을 선정하고 고를 수도 있다. 이는 분명 지식이 부족하다거나 자기만의 기준이 모호한 상태에서 감에 의존해서만 할 수 있는 일은 아니다.

하지만 책을 읽으면서 느낀 것은 200권이 아니라 그 이상의 책으로 외적 교양이 채워졌다고 해서 반드시 이해하는 독서가 가능하다는 것은 아니라는 사실이다. 수천 권의 책을 읽었어도 책 속에서 궁극적으로 강조하는 사람은 보지 못하고 오히려 책으로 쌓은 지식을 이용해 교묘하게 남을 속이며 돈 버는 데에만 급급한 사람도 만나 보았고, 남들도 놀랄 만히게 단기간에 수백 권을 읽고 니서 왜 변화가 없는지 스스로 의문을 제기하며 낙담하는 사람들도 보았다. 그래서 양적으로 많이 읽든 질적인 면을 강조한 독서를 하든, 독서의 궁극적 목적은 '자신이 느낄 만큼의 변화가 일어났느냐?'에 있는 것이다.

임계점을 돌파하기 위해서는 우선 스스로 원하는 변화가 무엇인지 생각해야 한다. 예를 들면 지식의 확장인지 새로운 깨달음 혹은 마음의 안정이나 쉼인지 등을 생각해서 독서해야 한다. 이를 위해서는 무엇보다 몇 권을 읽었는가 보다는 '이해' 위주의 독서를 목표로 하는 것이 좋다. 이때 '이해'라는 것은 텍스트에 대한 이해이기도 하지만 '책'을 중심축으로 삼아 내가 몰랐던 지식이나 사상을 접하며 내 생각이나 의식을 바꾸거나 시야를 넓힐 기회를 얻는다는 뜻이다.

남이 쓴 책을 내 것처럼 읽는 방법은 내가 가진 사고방식과 경험 안에서 할 수 있는 최대한으로 이해하려고 노력하는 길뿐이다. 즉 나 자신과 내 주변의 관심거리 혹은 문제점 등을 함께 생각하면서 읽는 것이 바로 책을 읽는다는 것이고 임계점을 돌파할 실마리이다.

바쁜 직장인으로서 자신의 임계점을 설정하고 계획적인 독서를 하려면 부지런해야 한다. 먼저 첫 목표는 자신이 어느 분야에 관심이 있는지를 파악하는 것이다. 직장인의 독서는 목적이 필요하다. 미래를 준비하기 위한 것인지, 실제 업무에 대한 필요한 것인지, 삶에 대한 위로가 필요한 것인지 등 다양한 경우를 생각해서 책을 선정해서 읽는다. 지식의 확장이나 업무와 관련된 분야를 읽을 때도 조금은 다양한 분야의 책을 함께 읽는 것이 좋다. 어느 한 분야의 지식만 알아서는 유기적인 생각을 할 수 없다.

결국 모든 지식은 서로 연결되어 있고 다른 분야를 알아야 자신이 관심 있는 분야 또한 깊이를 더해 이해할 수 있는 만큼 어느 정도 다독은 필요하다. 미국의 언어학자 스티븐 크레션은 "다독은 최선의 방법이 아니다. 유일한 방법이다."라고 주장한다. 그만큼 여러 책을 읽고 유기적으로 생각하는 것이 임계점 돌파에 도움이 된다.

둘째로 책은 한 권씩 구입하지 않는다. 앞에서도 잠시 언급한 바 있지만 한 권씩 구입해서 읽는 사람치고 많이 읽는 사람은 많지 않다. 물론 한두 권씩 구매해서 그 책을 자세히 읽는 것이 더 낫다고 여길 수도 있다. 이때 기대하는 것은 양이 아니라 질적인 측면의 확장이다.

하지만 관련 지식이나 직간접적인 경험이 부족한 상황에서는 한 권을 깊이 읽고 파악하려고 해도 재미를 느끼지 못할 뿐만 아니라 자신이 가진 지식과 경험에 의한 한계에 부딪힐 수밖에 없다. 더군다나 책을 잘 읽지 않던 사람이 처음부터 한 권의 책을 너무 자세히 읽으려고 한다면 이는 비슷한 책 서너 권을 읽는 것보다 훨씬 더 고역이란 것을 금세 느낄 수 있을 것이다. 또한 비슷한 책을 몇 권 읽는 것은 본인이 여러 권의 책을 읽은 것을 확인할 수 있기 때문에 독서하는 데 있어서 동기부여가 된다. 눈으로 성과를 확인할 수 있는 것만큼 동기부여가 되는 것은 없다.

세 번째는 책을 구입하자마자 눈에 익숙하게 하는 것이다. 책을 구입한 후 그 날짜를 적고 자신의 사인 등으로 책의 첫 페이지에 흔적을 남기는 것이다. 이 소소한 행동이 낯선 책이 자신의 것처럼 느껴지게 한다. 책을 구입한 날로부터 24시간이 지나기 전에 책의 20~30% 정도를 훑어보는 것이다. 앞뒤 표지와 책 안의 프롤로그, 목차까지 눈에 익숙해지면, 당장에 그 책을 읽지 않고 책꽂이에 꽂아 두었다고 해도 그 책을 다시 찾을 확률이 높아진다. 책과 친숙해야 독서를 꾸준히 할 수 있고 세운 계획대로 밀고 나갈 수 있다.

넷째로 직장인은 바쁘다. 그러니 모든 책을 끝까지 읽으려는 강박 관념에서 벗어나야 한다. 이는 선택과 집중의 문제이다. 특히 실용 서적이나 자기계발서는 목차가 잘 정리되어 있다. 목차가 있는 이유 중 하나는 '당신에게 필요한 부분을 골라 보세요.'라는 의미이기도 하다.

발췌독을 해도 좋은 책들은 자신에게 필요한 부분만을 가려내서 읽고 그 지식을 흡수하는 연습의 장으로 삼아야 한다. 특히 발췌독한 책도 처음부터 끝까지 읽은 책과 마찬가지로 '이미 읽은 책'이라는 것을 기억하자. 사실 자신에게 정말 필요한 부분을 구별할 수 있는 것 자체가 공부이기도 하다.

마지막으로 의식적으로 책 읽기를 위한 시간을 확보해야 한다. 자기에게 가치가 있는 책을 알아보는 안목을 키우기 위해서는 시간이 필요하다. 자주 읽기 위해서라도 의도적으로 블록 타임Block time을 만들어서 독서에 탄력을 붙여 줘야 한다. 시간을 확보했다면 한 권의 책을 며칠 안에 다 읽을 것인지, 혹은 몇 시간 안에 다 읽을 것인지 마음속으로 확실히 정해두고 읽는다. 그러면 무의식적으로 이 초단기 목표를 위해 집중할 수 있게 된다. 직장인들은 보통 다람쥐 쳇바퀴 도는 듯 하루하루 비슷한 생활 방식으로 움직이고 있다. 자신의 업무 패턴과 출퇴근 시간 등을 잘 이용하면 시간 계획을 세우고 지켜나가는 면에서 프리랜서 직업군보다 용이한 부분이 분명히 있다.

바쁜 생활에도 불구하고 블록타임을 만들어 책을 가까이하는 직장인 중에서 오히려 독서에 푹 빠지면서 망중한을 경험했다고 하는 사람들이 많다. 독서가 주는 작은 내적 변화를 경험하기 시작하는 것이다.

스스로 자신의 변화를 느끼기 시작했다면 그것이 곧 임계점이다. 아무리 작은 변화라도 스스로 감지하고 경험했다면 이제는 독서를 멈출 수가 없을 것이다. 나아가서 조금 더 수준 높은 변화를 기대하며 다시 읽게 되고 또 한 번 생각하게 된다.

자신의 한계와 임계점은 이렇게 자신에 대한 목표를 세우고 기대를 높여가며 또 높아지는 것이다. 이 기대를 높이고 돌파할 수 있는 계기를 내 곁에 있는 책이 마련해 줄 것이다.

왜 나는 항상
결심만 할까?

　살다 보면 누구나 한 번쯤 계획했던 일을 포기하고, 그 포기한 일을 반복해서 시도했던 경험이 있을 것이다. 그것이 독서나 어학 공부였든 다른 어떤 계획이었든 말이다. 그런데 가만히 보면 포기하는 데에는 모두 핑계 거리가 있다. 나도 많은 결심을 하고 또 많은 것을 결심으로만 끝냈다. 회사에서 영어를 주로 사용해야 하므로 영어 공부를 열심히 해서 매년 토익 시험 점수를 높이겠다고 결심한 적이 있었는데 몇 달도 되지 않아서 그만두었고, 다니던 영어 모임에 꾸준히 나가서 회화 실력을 향상하겠다고 결심하고 또 결심했지만 이내 슬슬 귀찮기도 하고 게을러져서 모임과 차츰 멀어진 적도 있었다.

　이때 내 핑계는 시간이 없다, 회사 일이 힘들다, 스트레스가 많다 등이었다. 그런데 사람 마음이란 것이 참 이상하게 내가 제대로 결심하지 못한 일에 남이 성과를 내면 그 또한 그렇게 질투가 났다. 나와 상대는 대체 뭐가 달라서 결과물이 달랐던 것일까? 그것은 포기가 빨랐기 때문이었다.

박찬국 작가의 『초인수업』에서 우리는 포기에 대한 니체의 특이한 대답을 만날 수 있다. 19세기 철학자 니체는 "내 인생은 왜 이렇게 힘들기만 할까?"라는 푸념에 "안락한 삶을 경멸하라."고 경고했다. "인생의 의미를 어디서 찾아야 할까?"라는 고민에는 "인생의 의미에 대한 질문은 그런 물음 자체가 일어나지 않는 상태여야만 해결 가능하다."라고 말했다.

니체는 자극에 민감하고 안락만을 탐하는 인간을 일컬어 "말세인"이라고 했는데 이 사람들은 자신에게는 문제가 없다고 생각하며 환경 탓, 조상 탓을 하며 남의 평가에 연연하는 사람으로 니체의 눈에 모두 노예근성을 가진 사람이었다. 사실 니체의 눈에 비친 우리들의 현 모습은 안락함에 빠져 쾌락에만 관심을 두고 있으며 병약한 인간으로 전락한 사람들이다. 니체의 말대로라면 핑계를 대고 포기하는 사람은 말세인의 한 종류일 뿐이다.

무엇을 하든 본인 스스로가 절실하지 않다면 계획이 아무리 좋아도 실천하기 어렵다. 실천했다고 하더라도 지속하기가 쉽지 않다. 독서하는 것도 이와 비슷하다. 결심하지 않으면 계획을 세우고 실천하다가도 타성에 빠지기 쉽다. 지금 필요한 외국어 공부를 할 때도 많은 사람이 작심삼일로 끝나는 경우가 허다하다.

하물며 당장 효과를 볼 수 없는 독서는 지속해서 유지하기가 더욱 힘든 것이다. 여기에는 바쁘다는 시간적인 이유도 있지만 지금 당장 절실하게 자기 계발을 하지 않아도 직장에서 나오는 월급으로 평소 같은 생활이 가능하기 때문이다. 이렇게 마음이 주인 자리를 잃어 가면 할 수 있는 것도 할 수 없게 된다. 가끔 보면 시간을 남을 위해 쓰는 사람들이 있다. 이런 사람들 역시 결심한 바를 실행하지 못하는 부류에 쉽게 속하게 된다.

A 씨는 올해 45세의 직장인이다. '오늘은 퇴근하고 집에서 좀 쉬어야지.'라고 생각해도 퇴근 시간 즈음에는 쉴 새 없이 문자 메시지가 와서 그를 찾는다. 주말에 가족과 시간을 보내거나 책 한 줄 보려고 해도 여기저기서 그를 찾아대는 통에 정신이 없다. 그는 인맥이 넓은 자신이 자랑스럽기도 했다. 매번 여기저기 불려 다니며 술 마시고 얼큰한 분위기 속에서 어울리고 나서 집에 돌아오면 가끔 체력적으로 힘이 들어서 다음 모임에는 빠져야지 하고 결심하지만 자기처럼 친한 사람이 많은 것도 좋은 일이라고 생각하고 늘 모임에 참석했다.

그러던 어느 날 그는 동창회에 그동안 모습을 보이지 않던 옛 친구를 만났다. 말끔한 모습에 남들보다 좋은 차를 타고 나타난 그를 보고 모두 입이 쩍 벌어졌다. 그동안 미국에서 개인 사업을 성공 가도에 올려놓고 돌아온 그에게 동기와 후배들의 관심이 쏠렸다. 어떻게 해서 성공할 수 있었는지, 미국에는 무슨 계기로 가게 되었는지 등 끊임없이 질문하는 바람에 듣는 사람까지도 정신이 없을 지경이었다.

그는 그가 성공하게 된 비결을 "나를 위한 시간을 남을 위해 쓰지 않겠다고 결심한 것."이라고 말했다. 그는 혼자 있는 시간을 항상 확보하고 그 시간에 자신이 무엇을 어떻게 해야 하는지를 늘 깊게 고민하는 사람이었다. 자신을 위한 시간을 확보하는 것에 주력하고 그것을 지켜왔다는 그의 말을 듣고 그 자리에서 와자지껄 떠들던 사람들은 갑자기 조용해졌다고 한다.

독서하기로 마음먹은 것이 흐지부지 끝나지 않으려면 역시 이와 같은 마음으로 결심해야 한다. '오늘 한 장 못 읽으면 내일 읽지 뭐.'라는 자기 합리적이고 안일한 생각이 아니라 오늘 꼭 한 장을 읽겠다는 절박함이 필요하다. 그리고 이 절박함을 습관으로 만들겠다는 결심 역시 필요하다. 이 절박함의 첫걸음은 '책을 지금 읽자.'라는 마음을 먹는 것에 있을 것이다. 오늘 할 수 없다면 내일도 할 수 없기 때문이다.

윤성화 저자의 『1만 페이지 독서력』에서는 하루에 27페이지면 1년에 1만 페이지를 읽을 수 있다고 했다. 보통 270페이지 책을 기준으로 본다면 약 37권의 책을 읽을 수 있다. 하루에 54페이지씩 읽는다면 1년 동안 약 70권 이상의 책을 읽는 셈이다. 혹은 하루에 30분씩만 읽어도 일주일에 책 한 권을 읽을 수 있으니 약 50권의 책을 1년이면 볼 수 있다. 하지만 이렇게 하지 못하는 이유는 중요성을 잘 알고는 있지만 독서는 왠지 부담스럽다는 인식이 있기 때문이다. 혹은 그동안 자신은 책과 담쌓았어도 잘 살아왔다는 자기 합리화로 독서의 생활화에 대한 결심을 미뤄 두고 있기 때문이다. 무엇보다도 마음먹는 것이 모든 일의 첫 시작이다. 그래서 우리는 결단을 내려야 한다.

『네 안의 잠든 거인을 깨워라』의 토니 로빈스엔서니 라빈스는 다음과 같이 말한다.

"우리가 잘못된 행동을 하거나 아주 뛰어난 행동을 하게 되는 원인은, 우리의 능력에 있는 것이 아니라 그 순간 우리가 갖고 있던 마음 상태나 신체 상태에 있는 것이다."

그가 말하는 것은 단순한 결심이 아니다. 바로 결단이다. 그에게 결단은 결과를 성취하기로 약속하고, 다른 모든 것을 선택할 가능성을 잘라내는 것이다. 이런 과감한 결단이야말로 운명을 바꾸는 마음가짐이라는 것이 그의 설명이다.

절박한 마음으로 결단을 내렸다고 해서 어떤 좋은 결과를 바로 확인할 수 있는 것은 아니다. 하지만 이런 결단을 내릴 수 있는 사람은 최대한의 집중력을 발휘할 수 있다. 자신이 하는 일이 무엇이든지 한 가지 목표를 세우고 그것에 몰입할 수 있다는 것은 큰 가능성의 씨앗을 심는 것이다. 물론 절박한 마음으로 시작했다 하더라도 목표가 요원하다는 것을 새삼 발견하면 좌절하게 된다. 그러나 시작했기에 끝까지 해 보겠다는 뒷심을 발휘하는 것 역시 절박한 사람만이 가질 수 있는 마음가짐이다.

오늘 내가 어떤 일을 자주 포기해 왔는지 상기하면서 결심을 이루지 못했던 이유에 대한 분석은 하지 말자. 그보다는 계획한 일을 하기 위해서 내가 어떤 마음가짐과 태도를 지녀야 하는지에 대해서 고려하자. 그리고 그것에 절실한지를 고민하자. 절실하지 않다면 그때에 가서 그 이유가 무엇인지 정밀 분석해 보자. 자기의 마음을 제대로 알고 가는 것이야말로 결심만 하다가 시간 낭비하지 않는 최고의 비책이 될 것이다.

독서를
우선순위에 두라

「독립선언서」, 영국과의 「평화협정」, 「헌법」은 미국 역사상 가장 중요한 세 가지 문서라고 할 수 있다. 이 문서에 모두 서명한 사람이 있다. 바로 유명한 벤저민 프랭클린이다. 사실 그는 스승도 없었고 대학을 나오지도 못했다. 그렇다면 그는 어떻게 이렇게 유명한 사람이 되었을까? 그에게 있어 스승이자 멘토가 되어 주었던 것은 다름 아닌 책이었다. 인쇄공이 되었던 이유도 책과 가깝게 지내기 위해서였다. 그의 우선순위는 언제나 책이었다.

정수복 작가의 『책에 대해 던지는 7가지 질문』에는 조선 후기 개화 사상가였던 박규수의 조언이 담겨 있다.

"전답을 사면 뱃속을 배부르게 하는 데 그치지만, 책을 사면 마음과 몸이 살찐다. 전답을 사면 배부름이 제 몸에 그치지만 책을 사면 나의 자손과 후학 일가붙이와 마을 사람, 나아가 독서를 좋아하는 사람들이 모두 배를 불리게 된다."

자신뿐만 아니라 궁극적으로 다른 사람도 이롭게 할 수 있는 독서가 삶에서 점점 멀어지는 이유는 독서가 우리의 학창 시절이나 지금까지 우선순위인 적이 없기 때문이다. 책이 넘쳐나는 시대에 살고 있지만 우리는 책이 귀했던 시절보다 책을 읽지 않는다. 평소 생활 모습만 해도 그렇다. 이동 중에는 스마트폰으로 여러 가지 정보를 검색하거나 게임하는 것이 습관이 되어 있고 정보는 인터넷 검색이 더 유용하다고 느낀다.

인터넷으로 정보를 검색하고 확인하는 것은 시간도 절약되고 언제어디서나 편리하게 할 수 있는 일이긴 하지만 짤막한 메시지는 정보그 이상의 기능을 하지 못한다. 지식이나 지혜로 전환시킬 수 없다는 뜻이다. 지식이나 지혜가 되려면 점 같은 정보들을 선으로 연결시켜야 하는데 그 역할을 인터넷이라는 단편적 지식을 전하는 매체가 해주기에는 무리가 따른다. 이 역할은 책이 해 줄 수 있다. 우리나라 성인들은 한 달에 1권도 책을 읽지 않지만 사회 현상을 다룬 책부터 각종 경제 분야와 과학, 그리고 인문학까지 하루에도 수십 권의 신간이 쏟아져 나온다. 필요한 정보를 선으로 연결해 주는 지식과 지혜의 보고가 계속해서 만들어지고 있다.

사실 현대인들의 삶을 살펴보면 시간이 없다는 말이 핑계가 아닐

지도 모른다. 계속되는 야근과 주말 근무로 우리나라는 이미 OECD 국가 중에서 2번째로 노동 시간이 많은 나라에 랭크되어 있다. 우리나라의 많은 기업이 다른 나라에 진출한 후 곤란했던 점 중 하나가 바로 근로자들의 칼퇴근이었다고 할 정도로 우리나라 근로자들에게 야근은 일상생활이다. 그뿐만 아니라 늦게 퇴근해도 비즈니스라는 이유로 끊임없는 술자리가 이어진다.

　한 지인은 어떤 중견 업체에서 비서로 일했다. 그 회사 사장님은 걸핏하면 주말에 쉬고 있는 직원들에게 전화해서 나와서 일하라고 다그치는 바람에 쉬기는커녕 주말이 와도 스트레스를 받는 직원들이 한둘이 아니었다. 더군다나 정작 주말에 전화를 돌린 사장님은 회사에 나오지 않아서 직원들의 원성이 자자했다고 한다. 언제든지 사원을 수시로 회사로 불러들일 수 있는 사문화를 가진 곳이라면 정말 책을 읽을 시간 확보가 어려울 것이다.

　이런 특이한 경우가 아니라면 책 읽을 시간은 조금만 노력하면 확보할 수 있다. 특히 인생에 있어 우선순위가 있는 사람들은 시간의 소중함을 알고 있는 사람들이다. 이런 사람들이야말로 바쁠수록 자신의 삶에서 무엇이 조금 더 우선인지를 정하고 그 순서를 지키는 것이 중요하다고 생각하고 실천한다. 그래야 힘들어도 여기저기 휩쓸리지 않을 수 있고, 일이 뒤죽박죽되었을 때에도 다시 자기의 궤도를 찾기 쉽기 때문이다.

책을 읽는 사람에게는 보통 독서가 그 우선순위에 있다. 지하철로 출퇴근할 때 책을 꼭 챙기고, 영업을 나갈 때나 친구와 약속으로 이동할 때에도 책을 읽기 위해 대중교통을 이용하는 등 독서를 위한 시간을 어떻게 해서든 조금이라도 마련코자 한다.

안철수 국민의당 공동대표는 예전부터 독서가로 유명하다. 그는 언제 어디서나 책을 읽었는데, 엘리베이터를 기다리는 시간조차 아까워서 시집 같은 얇고 작은 책을 들고 다녔다. 그 옛날 니체는 식사 시간 10분 전에 12권에 달하는 『영국사』를 읽었고, 롱펠로우는 커피가 데워지기 전 10분 정도의 시간으로 단테의 『신곡』을 번역했다. 할 일을 정하고 그것들을 잊지 않고 우선순위에 둔다면 아주 적은 시간이라도 확보할 수 있고 그 시간이 모이면 그 나름의 결과로 나타날 수 있다.

우선순위를 독서에 두지 못하는 이유 중에 하나는 자기 시간을 확보하지 못하기 때문이다. 사실 직장인에게는 자기만의 시간보다는 타인과 공유해야 하는 시간이 훨씬 길다. 사회인이 되고 나면 개인을 위해 쓸 수 있는 시간은 좀처럼 갖기 어려워지고 남들과 보내는 시간의 비중이 높아지는데, 이는 의식적으로 '내기 시간을 주체적으로 활용해야겠다.'라고 마음을 먹어야만 찾아올 수 있다.

직장인들이 가장 활용하기 좋은 시간으로 많은 사람이 저녁 시간보다는 이른 아침 시간을 꼽는다. 실제로 최근에 많은 사람이 이른 아침에 일어나 독서로 하루를 연다. 이른 아침 지역 CEO 모임이 독서 토론으로 시작되는 경우도 있고, 바쁜 출근길에 시달리고 싶지 않아서 아예 새벽 독서 모임에 먼저 참여하고 회사로 발걸음을 옮기는 직장인들도 의외로 많다. 이들은 모두 독서를 우위에 두고 남보다 한발 앞선 하루를 사는 셈이다.

그럼 어떻게 해야 아침에 일찍 일어날 수 있을까? 몇 가지를 실천하면 그리 어렵지 않다.

먼저 갑자기 일찍 일어나려고 하기보다는 평소보다 10분 정도씩 앞당겨서 일어난다. 이것이 익숙해지면 다시 10~15분씩 줄여 나가며 자신에게 맞는 기상 시간을 찾으면 된다. 무엇보다 중요한 것은 일찍 잠드는 습관을 들이는 것이다. 잠자기 전에 잠시 책을 읽으면 질 높은 수면에 도움이 된다.

그다음엔 알람을 침대와 멀찍이 떨어뜨려 놓는 것이다. 가까운 곳에 두면 울려 대는 알람을 너무 쉽게 끌 수 있다. 멀찍이 떨어진 알람을 끄고 난 후에는 절대로 다시 침대로 돌아가면 안 된다. 알람소리에 일어나면 방에서 나가서 욕실로 향한 후 세수를 하고 돌아온다.

세 번째로 이른 아침에 무엇을 할지를 미리 정해 놓는다. 바로 다음 날 무슨 책을 읽을지를 먼저 선정해 둔다면 다음 날 졸린 눈을 비비고 멀리 있는 알람을 끄고 다시 침대로 돌아가는 일을 어느 정도 막을 수 있다. 읽을 책이나 할 일을 미리 정해 놓지 않으면 일찍 일어났다고 해도 핸드폰을 만지작거리거나 인터넷을 켜고 블로그에 들어갈 확률이 높다. 이는 시간 낭비일 수 있으니 주의해야 한다. 이렇게 한 달 정도 아침에 일어나는 것에 성공했다면 자신에게 조그마한 상을 주는 것도 자신을 격려하는 방법이다.

일찍 일어나기를 중간에 며칠 실천하지 못했다고 해서 '역시 나는 안 돼.' 같은 생각은 할 필요가 없다. 내 경우 보통 5시 정도에 일어나지만 잠이 부족하다 싶으면 다섯 시 반이나 6시에 일어날 때도 있다. 하지만 늦게 일어났다고 해서 나 자신을 원망하거나 크게 낙담하지는 않는다. 내 컨디션에 따른 조정일 뿐이고 다음 날 다시 내가 일어나던 시간에 일어나면 된다.

시간을 확보하는 것만큼 무슨 일을 우위에 두느냐는 인생에서 무엇을 이루고 싶어 하는지를 예측할 수 있는 일이라고 할 수 있다. 우리는 세월을 벌어야 한다. 사람은 시간만 있으면 사실상 하지 못할 일은 하나도 없다. 하지만 안타깝게도 세월은 고장 난 벽시계가 아니다. 고장 난 벽시계의 그 멈춘 시간은 내 시간이 아니라는 의미이다. 사람의 시간은 흘러서 결국 사라진다. 이 점을 상기한다면 오늘 내 삶에서 무엇을 우선순위에 두고 길게 봐야 할지 감을 잡을 수 있을 것이다.

나만의 새로운 규칙을 만들어라

사회를 제대로 돌아가게 하는 것은 법규, 질서 등의 규칙이다. 물론 가끔 오래되어 새롭게 정비될 필요가 있거나 마음에 들지 않는 규범이나 규율 등이 있지만, 서로서로 지키면서 살아야 충돌을 최소화하고 사회가 원활하게 돌아갈 수 있다. 개인이 삶을 영위함에도 규칙은 필요하다.

살아가는 데 있어서 나름의 규칙이 없다면 중심 잡기가 힘들다. 중심이 없는 생활은 대충 일하고 사는 '대충'의 반복을 만든다. 이러한 생활만큼 맥 빠지는 인생도 없다. 하지만 조금 단단하게 자기만의 규칙을 세워서 지켜 나간다면 어느새 확고한 인생관과 가치관이 세워질 것이다.

소신 있는 생각은 아집과는 전혀 다른 말이다. 아집은 남의 생각이

나 의견은 조금도 수용할 뜻이 없고 이해해 보려고 노력하지도 않으며_{물론 본인은 노력했다고 한다} 오로지 자기의 의견과 생각이 최상이라고 여기는 것이다. 아집은 자기가 만든 우물 밖 세상 이외에는 볼 수 없으므로 일반화의 오류에 빠지기도 한다.

중국이 낳은 세계적인 소설가 루쉰의 『아큐정전』에 나오는 아큐는 아집으로 똘똘 뭉친 대표적인 인물이다. 그는 자기 생각만이 옳고 남들은 모두 다 그르다고 생각한다. 심지어 피가 터지게 맞는 순간에도 그렇게 생각한다. 하지만 아집에 사로잡혀 있으면 자기 세계가 아무리 커 봤자 그 큰 세계에 갇힌 것밖에는 되지 않는다. 자기만의 독특한 세계는 분명 있어야 한다. 하지만 아집은 그냥 잘못된 고집일 뿐이다.

아집이 아니라 자신만의 고유한 고집스러움으로 인생을 이끌어온 사람들은 그들만의 철학과 철칙으로 삶의 완급을 조절할 수 있는 힘을 키운다. 소설가 김훈 선생님은 한 강연에서 "작가님의 처신이 있다면?"이라는 질문에 "혼자 지내는 것이 자신의 처신이고 이것이 원칙이자 자신에 대한 규율이다. 그리고 지금 젊은이들은 규율과 훈련이 필요하다."라고 자신의 원칙과 이 시대 젊은이에게 필요한 사항을 언급한 바 있다.

세계에서 손꼽히는 큰 부자인 소프트 뱅크의 손정의 회장은 『손자병법』에서 착안한 '이승법칙'을 만들었다. 그는 『손자병법』은 실천하는 책이라고 생각하여 책에서 설명하는 바를 바탕으로 몇 가지 단어를 추가해서 25자의 경영 지침서를 만들고 그것을 원칙으로 회사를 운영하고 자신의 삶을 이끌어 왔다.

이들처럼 인생 전체를 좌지우지하는 흔들림 없는 철칙을 세우려면 무엇보다도 스스로 주동적이 되어야 한다. 남이 하니까 하는 것이 아니고, 시류에 편승해서 기웃거리는 것이 아니라 평생 가슴에 새기고 갈 만한 원칙을 스스로 세우는 것이야말로 자기 인생을 사는 것이라 할 수 있다. 이러한 원칙은 독서에도 필요하다. 인문학 열풍이 부니까 인문학을 기웃거렸다가 모 작가의 서적이 유명하다는 말에 그 작가의 책 한 번 사보는 식의, 바람에 흔들리는 갈대 같은 무원칙에서 벗어나 자신만의 독서를 위한 계획을 세워보는 것은 인생의 원칙을 세우는 연습용으로도 제격이다.

내게는 책을 읽을 때 몇 가지 규칙이 있다. 먼저 내 아집을 버리는 것이다. 책을 읽으면서 저자를 의심하고 그가 쓴 글을 반박하고 읽는 편은 아니지만 아무래도 나 나름대로의 생각이 있다 보니 어떨 때는 '이건 아니지 않나?'라는 생각을 앞서 하게 될 때가 있다.

특히 그 의구심이 내 고집이나 아집에서 비롯된 것이라는 것을 느낄 때는 깜짝 놀랄 때도 있다. 무엇이든 닫힌 마음을 갖고 의심의 눈초리로 대하면 배울 것이 없다. 열린 마음을 갖고 책을 대해야 하는 이유이다.

책 한 권에는 저자의 생각이 모두 실려 있다. 내가 아닌 다른 사람의 철학과 생각 그리고 그 사람의 경험이 들어가 있는데 100% 동의한 다는 것은 힘든 일이지만, 한편으로는 사람 사는 세상에서 사람의 생각을 펼쳐낸 것이기에 모든 것이 있을 법한 일이고 할 수 있는 생각이기도 하다. 비판의 소지가 있다면 타인의 생각을 배운 후에 해도 늦지 않을 것이다.

두 번째 규칙은 내 생각이나 코드에 맞지 않는 부분에 대해서 단순히 감정이나 느낌만으로 '싫다'라고 생각하고 넘어가지 말고 '왜 나는 다르게 생각하는지.'를 최대한 객관적으로 나 스스로 설명해 보는 것이다.

저자의 생각과 내 생각이 상충할 때, 그 다른 점을 객관화시키려는 시도는 책을 다시 보게 할 뿐만 아니라 다시 생각해 볼 기회를 준다. 이는 단순한 비난이나 비판을 위한 행동이 아니므로 오히려 의식 성장에 큰 도움이 된다. 우리는 장점을 보고 배워서 적용해 봐야 한다. 감정에 치우친 얕은 비난이나 비판에 할애할 시간이나 에너지는 아까울 뿐이다.

나는 이 원칙을 삶에도 적용하려고 노력 중이다. 아무 이유 없이 마음에 들지 않는 사람, 나와 잘 맞지 않는 사람을 만나기 마련인데 이럴 때 나 스스로가 이해할 만한 이유를 대기 위해 노력하고 이유가 모호하다면 감정 조절에 애를 쓴다.

세 번째는 '나는 원래 책하고 담쌓았잖아.'라는 생각을 버리는 것이다. 나는 20대 때는 책과 멀리 떨어진 사람이었다. 그래서 다시 책으로 돌아오고 난 후 읽기가 싫어지면 문득문득 이런 생각이 나고는 했다. '내가 언제부터 책을 읽었다고!' 하지만 분명 나는 책에서 위로를 얻었던 그 경험을 잊을 수는 없었다. 그래서 이런 생각 버리기를 내 철칙으로 삼았다. 그리고는 '이런 생각을 버리고 책이나 한 자라도 더 읽자.'라고 다시 결심하고 또 결심했다.

그 후부터는 아무리 읽기 싫어도 10분~20분씩 꼭 독서하는 것을 나의 규칙으로 삼았다. 태생적으로 책과 담쌓았다는 말은 "왜 책을 읽지 않느냐?"라는 질문을 던졌을 때 가장 많이 나오는 대답 중에 하나이다. 그런데 태어나자마자 독서나 공부, 혹은 일에 재미를 느꼈던 사람은 세상에 없다. 열심히 하다 보니 실력이 늘고 실력이 늘다 보니 재미있어지고, 재미있어지다 보니 더 열심히 하게 된 것이다. 독서도 마찬가지이다.

책을 읽기로 결심했다면 이제는 당신만의 규칙을 세울 차례이다. 남의 규칙과 철칙은 보기에는 좋아 보일지 모르지만 따라 할 것은 아니다. 남의 것을 베끼기보다는 스스로를 돌아보고 '나 자신의 독서를 위해' 지금 당장 실천해야 할 일은 무엇인지 살펴보고 동시에 하지 않아야 할 일들에는 어떤 것이 있는지 꼭 구별해 놓자. 자신의 패턴을 파악하는 것으로 규칙을 세우는 첫걸음을 뗀다면 보다 수월하게 규칙을 만들 수 있을 것이다.

규칙을 세우는 것에 지나치게 부담스러워할 필요는 없다. 규칙은 변경이 가능하기 때문이다. 다만 자기 합리화가 아니라 흐트러진 마음을 다잡고 다시 독서하기 위한 목적으로 고칠 때에만 그렇다는 것을 명심하면 된다. 자신에게 맞게 다듬고 고치고 또 지키고 책임지는 일을 통해서 자기 자신을 한 번 더 돌아보고 재확인한다면 한층 더 책임감 있는 사람이 될 수 있을 것이다.

좋은 책은
반복해서 읽어라

좋은 사람은 자꾸 만나고 싶다. 좋은 곳은 자꾸 가고 싶다. 맛 좋은 음식은 자꾸만 먹고 싶다. 책 역시 마찬가지이다. 좋은 책은 여러 번 읽어도 싫증나지 않고 볼 때마다 새로운 느낌을 선사하기 때문에 늘 곁에 두고 싶다. 힘들 때 힘이 되어 주었거나 혹은 변화의 필요성을 일깨워 주고 아이디어를 제공한 책이라면 더더욱 곁에 두고두고 읽게 된다.

고故이병철 삼성 창업주는 항상 『논어』를 옆에 두었다고 하고, 당대 최고의 독서광이라고 할 수 있는 모택동은 청년 시절에 고전과 역사서 등을 많이 읽었는데 특히 사기와 한서를 나이가 들어서도 꾸준히 읽었다. 루쉰은 자기가 기록한 적이 있거나, 요약했던 책은 다시 꼭 읽곤 했다. 나이를 먹을 때마다 이렇게 봤던 책을 다시 보면 새로운 것을 느낄 수 있기 때문이었다.

그들은 왜 같은 책을 읽고, 읽고 또 읽었던 것일까? 좋은 책을 반복해서 읽어야 하는 이유에 대해서 쇼펜하우어는 자신의 에세이 『사랑은 없다』에서 다음과 같이 말했다.

"우리 몸은 들어온 음식물 중에서 동질의 것들만 흡수하듯이 정신역시 자신의 사상이나 체계가 흡수하기 알맞은 것들만 받아들여 기억하게 된다."

자신의 것으로 흡수, 체화되면 독서는 좀 더 멋진 삶을 살게 하는데 큰 자극을 준다. 평소 꿈이 있더라도 실행에 옮기기를 주저했던 사람을 자극하거나 깊은 생각 없이 살던 사람이 책을 통해 마음을 다잡고 건실하게 살게 되기도 한다. 사람의 성장과 책은 절대 떨어질 수 없는 불가분의 관계라 할 수 있다.

그렇다면 "어떤 자세로 책을 읽어야 할까?"라는 질문을 떠올릴 수 있다. 『도서관에서 찾은 책벌레들』에서 보면 주자학을 체계화한 이황은 어려서부터 독서광이었다. 자기 나름의 독서에 대한 혜안과 철학을 가지고 있던 그에게 하루는 제자가 독서에 관해 물었다. 그러자 그는 이렇게 말했다.

"글이란 정신을 치려서 수없이 반복해서 읽어야 한다. 한두 번 읽어 보고 뜻을 대충 알았다고 해서 그 책을 그냥 내다 버리면 자기 몸에 충분히 배지 못해서 마음에 간직할 수가 없다. 이미 알고 난 뒤에도 그것이 자기 몸에 배도록 공부를 더 해야만 비로소 마음속에 간직할 수 있다. 그래야만 학문의 참된 뜻을 체험해 마음에 흐뭇한 맛을 느끼게 되는 법이다."

　이황의 말에 누구나 공감할 것이다. 책을 건성으로 읽거나 한 번 보고 책장에 꽂아 둔다면 책 속에 깃들어 있는 보물을 내 것으로 만들지 못한다. 중요하거나 감명적인 문구에 밑줄도 치고 포스트잇도 붙이면서 여러 번 읽을 때 책 속에 담겨 있는 지식과 지혜를 내 것으로 만들 수 있다. 또, 그 책이 더 치열하게 살아라, 라고 자극을 주기도 한다.

　한 권의 책에 푹 빠져서 그 책이 너덜너덜해질 때까지 읽는 사람도 있지만 반면에 읽은 책은 두 번 다시 보지 못하는 사람들도 있다. 한 지인은 책 읽기는 좋은데 한 번 읽은 책을 또 보는 것은 정말 재미없는 일이라고 했다. 나는 그렇다면 비슷한 내용의 책을 서너 권 사서 쌓아 놓고 읽으면 책도 서너 권 읽을 뿐만 아니라 비슷한 내용으로 읽기 때문에 이해하기에도 쉬울 것이라고 조언했다.

　내 말대로 하던 그녀는 책을 한 번 봤을 때는 다 읽고 나면 하나도 기억도 안 나고, 심지어 막 읽은 책인데 제목도 잊어버려서 책을 읽은 것인지 그냥 눈만 글에 붙여 놓았던 것인지 알 수 없었지만, 비슷한 내용의 책을 같이 읽으니 지루하지 않았다며 만족해했다. 한 권을 몇 번이나 계속 읽어야 한다는 것이 정해진 규칙은 아니니 같은 책을 여러 번 읽는 것에 금방 싫증내는 타입이라면 비슷한 내용의 책을 읽는 것이 의미 파악에도 좋고 기억에 더 오래 남는다. 그나마 그녀는 자신의 성향을 알고 있어서 조언해 주기 쉬운 편이었다.

사람은 나이 먹을수록 일 년, 한 달 그리고 하루가 짧아진다. 짧은 것도 아쉬운데 그 하루가 지나고 나면 생각보다 많은 것이 변해 있다. 당장 눈에 보이는 내 손발톱의 길이가 변해 있기도 하고 멀리는 어제 깊이 했던 생각이나 고민이 달라지거나 축소되어 있기도 하다.

사람의 경험 역시 변화한다. 매일 반복되는 일상에서 겪는 경험이 제한적이라서 우리는 항상 같은 것을 체험한다고 여길 수 있다. 하지만 하루를 더 살게 되면 그 하루만큼의 경험이 축적된 것이라 할 수 있다. 같은 경험을 하더라도 그날 기분에 따라 느끼는 바가 달라지고 그날 만나는 사람에 따라 생각하는 것이 바뀔 수도 있기 때문이다. 그렇다 보니 어떤 것은 잘못 기억할 수도 있고, 또 어떤 일은 잊기도 하는 것이다.

그래서 어떤 사람도 같은 책을 두 번 읽었다고 말할 수는 없다. 책을 다시 읽는다는 것은 처음 읽었을 때와는 다른 기억과 또 달리 쌓인 경험을 가지고 읽는 것이기 때문에 새로운 시각과 관점으로 다시 그 책을 대한다는 말과 일맥상통한다고 볼 수 있다.

책을 많이 읽고 지식이 습득되는 것만큼 중요한 일은 '자신이 읽은 것 속에서 얼마나 유용한 것들을 찾아내고 활용할 수 있는가.'하는 문제이다. 한 가지를 보더라도 다양한 관점으로 바라보고 새로운 것을 발견하려고 노력하는 사람이야말로 책으로 미래를 꿈꿀 수 있다. 이런 사람들은 오늘의 내가 내일의 다른 나로 변화하는 모습을 지켜볼 수 있다.

『검은 책』의 저자이자 노벨 문학상 수상자 중 한 사람인 오르한 파묵의 책『하얀성』에는 이러한 구절이 있다.

"우리는 편도 마차 승차권으로는 한 번 여행이 끝나고 나면 다시는 삶이라는 마차에 오를 수 없다. 그렇지만 만약 당신이 책을 한 권 들고 있다면 그 책이 아무리 이해하기 어렵고 복잡하더라도 당신은 그 책을 다 읽은 뒤에 언제든지 처음으로 되돌아가 다시 읽음으로써 어려운 부분을 이해하고 그것을 무기로 인생을 이해하게 된다."

다시 읽는다는 것은 단순히 지식을 기억하기 위한 것이 아니다. 그것은 오늘과 다른 인생을 새로 살기 위한 하나의 방법인 것이다. 책 속에서 이미 보았지만 오늘은 그 의미가 전혀 다른 이면을 발견하게 되고 어제까지의 축적된 경험으로 이해한 것을 오늘은 오늘의 새로운 방식으로 느끼고 생각할 수 있다면 어제와 조금은 달라진 나를 발견할 수 있지 않을까?

뚜렷한 목적을
갖고 읽어라

공부할 때는 정해 놓은 기간과 성적에 대한 목표가 뚜렷하다면 그에 상응하는 수준까지 도달이 가능하다. 저축을 하거나 연금 가입을 할 때에도 집 장만이나 여행, 노후 자금 등의 목적이 있는 사람이 훨씬 집중하면서 흔들리지 않고 꾸준히 돈을 모을 수가 있다. 모든 일은 목적이 뚜렷할 때에야 비로소 소기의 성과가 나타난다.

사회인의 독서에서 목적이 없다면 길을 잃고 만다. 목적은 모호한 것을 선명하게 해 주는 힘이 있다. 지금 읽고 있는 책이 단순히 습관적으로 고른 책인지, 교양이나 인격 형성을 위한 책 읽기인지, 지식 습득과 상관이 있는지 아니면 쉼을 위한 독서인지 등을 생각한다면 더욱 가슴에 와 닿는 독서를 할 수 있을 것이다.

일본 작가 다치바나 다카시는 『나는 이런 책을 읽어왔다』에서 자신은 취미로 책을 읽지 않는다고 한다. 그에게 있어 책이란 지식을 확장해 주는 역할을 한다. 그리고 그 지식을 바탕으로 좋은 글을 쓸 수 있는 것이 그가 독서하는 목적이다.

미래에셋의 박현주 회장은 과감하게 투자하는 것으로 유명하다. 남들이 힘들다고 이구동성으로 말할 때에도 그는 늘 다른 선택으로 큰 이익을 남길 수 있었다. 이에 대해서 박 회장은 독서가 그 비법이라고 말한다. 그의 목적과 부합되는 미래학과 관련된 서적을 주로 읽는 그는 앨빈 토플러의 『제3의 물결』을 여러 번 읽으면서 흐름을 파악하는 안목을 키웠다.

책을 읽는 것이 삶에 분명히 도움이 된다는 것은 많은 사람이 말하는 바지만 모든 사람이 읽은 만큼, 원하는 만큼의 성공을 거두지는 못한다. 이 차이는 책을 읽는 목적이 있느냐에 달려 있을 것이다.

특히 생각의 틀을 넓히고 여러 번 고찰하기 위해서는 무엇보다도 목적을 바로 가져야 할 것이다. 독서에 성공한 사람들이 처음부터 구체적인 목적을 확고히 하고 시작한 것은 아니지만 자신의 관심사나 흥미가 파악되면 목적을 분명히 하였다.

첫째 글을 읽는 것보다는 책 내용을 이해하는 것에 중점을 둔다.

독서의 중요성이 부각되면서 책 읽기에 시간을 투자하는 사람들이 늘고 있다. 그러나 글자를 읽는 독서에서 벗어나지 못하면 독서는 오히려 시간 낭비일 뿐이다.

물론 양적인 지식이 어느 정도 있어야 책을 보기 수월하고 이해가 빠르다. 이런 면에서는 권수를 목표로 해서 책을 읽는 것이 도움이 된다. 하지만 읽은 책의 권수에 연연할 필요는 없다. 아무리 좋은 책이라도 전하는 메시지를 제대로 이해하지 못한다면 올바른 독서라고 할 수 없다. 단순히 '글자를 읽었다'의 개념에서 '책을 이해했다'의 개념으로 발전해야 한다.

둘째 독서를 학습 수단으로 이해한다.

세상의 변화가 빠르다는 것은 누구나 하는 소리지만 누군가는 이 변화를 먼저 예측하고 발전하기를 원하고 다른 사람들은 수동적으로 따라만 간다. 성공한 사람들은 이 변화에 맞추어 지식이 변하고 생산하는 콘텐츠 수단도 바뀌게 된다는 것을 잘 알고 있다. 따라서 늘 공부하는 자세를 잊지 않고 실력을 갖추기 위해서라도 부단히 읽는다.

셋째 '이 책을 왜 읽는 것일까?'라는 고민을 한다.

이것이 궁극적으로 책을 읽는 목적에 대한 사색이며 지금 이 책이 왜 내 손에 들려있는지를 다시 한 번 상기할 수 있는 질문이다.

넷째 적용해 본다.

업무에 관한 책을 읽었다면 업무에, 인간관계에 관한 책을 읽었다면 당장 만나는 사람에게 적용한다. 특히 업무를 잘하기 위해서는 경험이 중요하다. 하지만 그에 못지않게 그 방법을 아는 것도 중요하다.

책 속에는 많은 전문가가 여러 실험이나 설문 조사 등을 통해 정리해 놓은 방법들이 많다. 그것들을 자신의 생각에 맞게 정리해서 적용해 본다면 스스로가 일을 어떻게 하고 있는지, 그 수준은 어느 정도인지 파악하는 데 깨달음을 줄 것이다.

마지막으로 독서의 가장 큰 목적은 꿈을 찾기 위한 것이다.

많은 사람이 하고 싶은 일이 무엇인지 모른다고 한다. 정확히 말하자면 아직 찾지 못한 것뿐이다. 성적에 맞춰서 대학교에 진학하고 꿈을 잊은 채 취업하다 보니 아무리 열심히 일해도 가슴에 허무가 남는다. 남들은 나보다 더 뛰어나고 배경도 훨씬 좋은 것 같아 자괴감에 빠지면서 자신이 무엇을 좋아하고 잘하는지에 관해서는 관심을 두지 못하는 경우도 허다하다. 지금 무엇을 하고 싶은지 모른다면 더욱 책의 도움을 받아야 한다.

책을 읽으면서 간접 경험을 쌓다 보면 다른 사람의 이야기를 통해서 자신이 하고 싶은 일이 무엇인지 깨달을 기회가 생긴다. 이전에는 몰랐던 분야를 탐구하며 어떤 분야에 관심을 가질지에 대해서도 고민할 수 있기 때문이다.

반기문, 한비야, 박경철 등은 책을 좋아하기로 유명한 사람들이다. 뭇사람들은 이들이 처음부터 책을 좋아했을 거라고 생각하지만 그렇지 않았다. 성장하는 과정에서 부모님이나 선생님, 혹은 우연한 만남을 계기로 책을 접하고 그 세계에 빠져들었다. 이들은 어린 시절 몸에 밴 독서 습관으로 인해 다양한 지식과 정보, 지혜를 갖출 수 있었고 이를 통해 기회를 활용할 수 있었다. 책이 가장 좋은 스승이 되어준 셈이다.

미국의 저명한 언론인인 베넷은 "책은 인생의 험준한 바다를 항해하는 데 도움이 되게끔 남들이 마련해 준 나침반이요, 망원경이요, 육분의요, 도표다."라고 말했다. 자신의 성장하는 모습을 보고 싶다면 책을 읽어야 한다. 부정적인 사고에서 탈피해서 긍정적인 면에 눈을 뜨고 싶다면 책을 읽어야 한다. 인생의 목적을 마음에 그리고 방향을 분명히 하고 싶다면 책을 읽어야 한다. 무엇보다 중요한 것은 자신의 소중한 꿈을 잊지 않기 위해서라도 부단히 읽어야 한다.

최근에 삶에 대한 열정을 주제로 한 글들을 많이 접했다. 어떤 일을 끌고 갈 수 있는 원천인 열정은 중요하다. 하지만 그 열정을 지속시키는 것이 바로 목적임을 잊어서는 안 된다. 독서 역시 마찬가지이다. 뚜렷한 방향과 목적을 설정하고 읽어 간다면 긴 열정으로 책이 답할 그 순간까지 함께할 수 있을 것이다.

스스로에게 동기부여
하면서 읽어라

　많은 사람들은 아침에 눈 비비고 일어나면서부터 반복되는, 하지만 매우 바쁘게 돌아가는 일상생활 속에서 하루를 보낸다. 지금 하는 일이 어떤 의미인지도 모른 채 시키는 대로 하다 보면 어느새 하루해는 뉘엿뉘엿 지고 만다. 이러한 일상에 조금 지쳐있다면 자신이 가장 힘들었을 때 어떻게 그것들을 극복했는지 그 궤적을 돌아보는 것만으로도 몸과 마음을 안정시킬 수 있다.

　사람이 지친다는 것은 단순히 체력적인 소모나 정신적인 스트레스로 인한 것은 아니다. 반복되는 일상 속에서의 지루함으로 인해 사라지는 열정에 기인한 것이기도 하다. 성공한 사람들은 이 열정을 식지 않도록 잘 유지한 사람들이었다. 미국의 사상가 랄프 왈도 에머슨도 역사상 위대한 일 가운데 열정으로 성공하지 않은 것은 없다고 했다.

동기부여 강연가는 많은 사람에게 공감을 불러일으키고 그들의 동기부여가 될 수 있는 강연을 해 준다. 하지만 마음을 닫고 귀를 닫은 사람, 동기부여를 받을 준비가 전혀 되어 있지 않은 사람들에게는 전혀 통하지 않는다. 동기부여가의 말을 듣고 변모하기 시작했다면 그것은 스스로가 이미 조금은 동기부여를 받고 싶다는 열망이 있었거나 내면에서 변화하고 싶다고 생각한 사람들이다.

책을 읽을 때도 동기부여가 되어 있지 않으면 정말이지 고행이 따로 없다. 남이 읽으니까 어쩔 수 없이 따라 읽거나 잔소리가 듣기 싫어 읽는 척을 하는 것은 전혀 도움이 되지 않는다. 그래서 책을 가까이해야 할 이유나 동기부여의 방법을 스스로 찾아야 한다는 것이다.

예전에 나는 책을 다시 읽기 시작하면서 책이 위로가 되고 마음의 여유를 찾아 준다는 것을 깨달았다. 그래서 '이번에는 하루도 빼먹지 않고 책을 읽겠다.'고 다짐했지만 몇 주 못 가서 또 책과 등지게 되었다. 큰 계기가 있는 것은 아니었다. 그저 내 게으름 때문이었다. 이때 내가 주말마다 했던 일은 관심도 없는 TV 프로그램을 틀어 놓고 그저 희희낙락하는 것이었다. 사실 별로 웃기지도 않았던 프로그램이었던 것으로 기억난다. 내게 생긴 자유 시간을 그저 TV와 힘께 소위 말해 멍 때리는 데 허비했던 것이다. 다시 결심하고 나 스스로 책을 읽을 필요성과 동기부여를 하면서 자극하기까지 꽤 오랜 시간이 소요됐다.

'책으로 뭔가를 얻은 사람은 원래 똑똑하게 태어난 사람이겠지.'

게을러지다 보니 이런 쓸데없는 생각들이 끝없이 쏟아져 들어왔고 이런 생각을 버리기까지 시간이 오래 걸렸다. 특히 '남들은 책에서 꿈도 찾고 희망도 찾는다는데 나는 왜 찾지 못하는 걸까?'라는 조바심을 버리는 것이 급선무였다. 이 조바심 때문에 책을 오히려 보지 못했기 때문이다.

사실 평범한 사람이 자기 자신을 점검하고 자신을 다잡기 위해 동기 부여한다는 것이 쉽지는 않다. 그래서 사람들은 무언가를 배울 때 많은 돈을 들여서라도 그 분야의 전문 코치에게서 배우려고 하는 것이다. 전문가에게 배우면 기초적인 스킬부터 배움에 있어서 지녀야 할 마음가짐까지 단기간에 습득할 수 있다. 또한 자기가 정해 놓은 레벨까지 오르는 동안 조금이라도 낙심하거나 힘겹다고 호소하면 호통도 치고 격려도 하면서 페이스를 조절해 준다. 이렇게 자신을 배려하고 신경 써 주는 사람이 매일 곁에 있다면 동기부여 받기 쉬울 것이다. 하지만 코치를 매일 옆에 두고 살 수는 없는 일이다. 그래서 스스로 자신에게 동기부여 해 줄 수 있는 능력이 필요하고, 이 능력을 키우기 위해서는 조금은 객관적으로 자기 자신을 바라볼 수 있어야 한다.

타인이 되어서 나 자신을 바라보는 것. 이것은 현재의 내가 어디쯤에서 어떻게 살아가고 있는지 확인하는 최고의 방법이다. 사람은 이기적인 면이 있기 때문에 주관적이 되면 자꾸 스스로에게는 관대하려고 한다. 이를 최대한 배제하려 한다는 것 자체가 이미 스스로 동기부여를 하는 셈이다. 뿐만 아니라 지금의 삶에 불평불만까지는 아니지만 항상 조금 부족함을 느끼고 발전해야겠다는 위기의식이 필요하다.

하늘은 스스로 돕는 자를 돕는다고 했다. 안일한 생각으로 사는 사람은 결코 자신을 돕지 못한다. 이들은 자신이 안일한 생각을 하는 것이 아니라 주변 환경과 상황이 바뀌지 않기 때문에 자신들이 바뀔 수 없다고 믿고 싶은 사람들이다. 하지만 주변 상황은 바뀌기 힘들다. 객관적인 입장으로 위기의식을 뛰어넘겠다는 의지를 갖는 것은 자기 자신을 이기려고 하는 자세이다. 자신을 채찍질하고 안주하지 않게 하려는 것은 나태해지지 않으려는 자세이다. 우리는 무엇보다도 자기 자신을 적절히 통제할 수 있어야 한다. 진정한 동기부여는 남이 시켜 주는 것이 아니라 자기 자신의 의지에서 시작되기 때문이다.

〈한겨레〉 신문사의 최재봉 기자는 "책을 왜 읽는 것일까?"라는 질문에 "다르게 생각하기 위해서"라고 했다. 그가 책을 읽는 이유와 그를 책으로 이끄는 마음은 바로 다르게 생각하고 싶다는 스스로의 열망 때문이다. 그리고 읽고, 읽고 또 읽다 보면 다른 관점을 펼쳐 놓아 주는 책에 빠지게 되고 또다시 책을 찾게 되는 것이다.

작가 안상헌 씨의 경우에는 자신이 점점 게을러진다 싶으면 일부러 더 많은 책을 읽으려고 한다. 그에게는 독서를 통해 게으름에서 빠져나와야겠다는 결심이 그 자신이 책을 읽게 만드는 큰 동기로 작용하는 것이다. 그는 이미 많은 책을 편찬했다. 『어느 독서광의 생산적

책읽기 50』뿐만 아니라『인문학 공부법』,『고전 공부법』등 책과 관련된 책을 계속해서 편찬할 수 있는 것은 스스로를 채찍질하는 것을 동기부여의 방법으로 삼고 태만에 빠지지 않기 위해 노력했기 때문에 가능한 일이다.

반기문 총장은 "자기 스스로 동기부여하기 전까지, 누구도 당신에게 진정한 동기를 부여할 수 없습니다."라고 말했다. 항상 '주체로서의 나 자신'을 잊지 말고 어떤 방식으로, 어떤 태도로 자신의 삶을 대하고 마음속의 열정을 꺼뜨리지 않고 앞으로 나아갈 수 있는지 생각해야 할 필요가 있다.

독서할 때에도 이러한 열정을 잃지 않기 위해 어떻게 해야 할지를 조금 고심해 볼 필요가 있다. 그래야 게으름을 막고 스스로를 이길 수 있다. 만일 지금 정말 책 한 쪽도 보고 싶지 않다면 일단 딱 한 장 아니, 한 단락만 읽고 책을 덮자. 하지만 한 단락 읽은 후에는 그다음 단락도 그다음 장도 읽고 있는 자신을 발견하게 될 것이다.

그다음에는 이 책을 고른 이유를 딱 하나만 생각해 보자. 책 표지에 끌렸어도 이유가 있을 것이고 관련 직종에 필요한 지식 때문이라면 더욱 명확한 이유가 있을 것이다. 딱 한 가지 이유를 떠올려 보자. 마지막으로 딱 한 사람만 벤치마킹해 보자.

공병호 경영연구소장은 스스로에게 동기부여를 하는 방법으로 신문이나 잡지 인터뷰를 유심히 읽는다고 한다. 사람에게 관심을 갖는다는 것은 그 사람의 삶이나 철학을 통해서 무엇인가를 배우고자 하는 것이고, 타인이 주는 경험담이야말로 성공이냐 실패냐에 상관없이 최선의 것을 배울 수 있는 기회인 것이다.

독서를 위해 스스로를 독려하고 동기부여 해 주는 것이 처음에는 쉽지 않다. 사그라지고 있는 불꽃을 살려 낸다는 것은 여간 어려운 일이 아니기 때문이다. 하지만 끊임없이 책을 읽고자 하는 마음의 불꽃을 꺼뜨리지 않으려고 노력하는 한 내가 읽고 있는 책도 나에게 독서를 지속할 수 있는 큰 동기를 부여해 줄 것이다.

그동안 읽은 독서 목록에서
천직을 찾아보자

살아가면서 나다워지고 싶다고 생각하는 사람들은 책을 손에서 놓지 못한다. 세상에 물든 모습으로 사는 것이 아니라 내가 무엇을 원하는지, 무엇을 하고 싶은지, 도대체 내가 할 수 있는 것은 무엇인지를 고민하고 있기 때문이다.

반면에 무작정 사회가 요구하는 지식을 배우고 기술을 익히는 많은 사람이 그 길이 내 길이 아니었다고 말하고는 허탈해하면서 돌아서고는 한다. 그중에 어떤 사람들은 마지막으로 다시 한 번 도전해 보자고 다짐하고 책에 빠지고자 결심한다.

실제로 내 주변에는 힘들 때 읽었던 책들로 인해서 새로운 꿈에 대한 계획을 세우고 실천하여 새로운 인생을 사는 사람들이 있다. 이들은 누구보다도 절실하게 책을 읽었기에 책 속에서 자신이 하고 싶고,

되고 싶은 것이 무엇인지 찾을 수 있었다. 읽은 책들을 허투루 그냥 두지 않았고 가슴에 와 닿는 책은 왜 와 닿는 것인지 이유를 생각하며 읽고 자기 자신에 대해 끊임없이 고민했기에 자신이 하고 싶은 일을 찾는 데 도움을 받을 수 있었다.

인문학에 관심이 많았던 A 씨는 울산에 있는 한 기업에서 엔지니어로 근무 중이다. 그는 주말부부로, 주말이면 부인을 만나기 위해 인천으로 향했다. 하지만 평소에 관심 있었던 인문학은 그를 가만히 두지 않았다. 직업은 인문학과는 거리가 멀어 보이는 엔지니어 계열이었지만 그는 틈이 날 때마다 책을 읽었다. 그가 가장 좋아하는 책은 다름 아닌 『논어』였다. 그와 이야기를 나눌 때, 특히 인문학 이야기를 나눌 때면 눈빛이 달라진다는 것을 느낄 수 있다. 그가 외운 구절을 설명하든 아니면 수첩에 가지고 다니는 구절을 설명하든 상관없이 그의 눈빛은 빛났다. 하루는 그가 물었다.

"작가님, 앞으로는 무엇을 해야 할지 참 막막할 때가 있어요."

나는 이렇게 대답했다.

"서른 중반이 다 되어서야 꿈을 찾기 시작한 나도 있는데 서른 후반에도 새로운 일을 찾을 수 있습니다. 저번에 이야기하실 때 보니까, 동양철학 쪽에 관심이 많으신 것 같은데 그쪽 관련한 책은 꾸준히 보고 계시는 거죠?"

실은 그는 대학교에 재학할 때부터 인문학 관련 부문의 책을 많이 읽고 또 나름대로 연구하고 있었다. 회사에 다니는 동안 어쩔 수 없이 소홀히 하긴 했지만 그렇다고 완전히 손에서 놓은 것은 아니었다. 그는 고전과 인문학을 누구보다 사랑하는 사람이었다. 나는 그에게 고전이나 인문학과 관련하여 나름 정립된 철학을 가미해서 책을 써 보는 것이 어떻겠냐고 말하고 싶었지만 일전에 "저는 그렇게까지는 못해요."라는 말로 거절당한 적이 있어서 이번에는 일언반구 꺼내지 않았다. 그러던 어느 날 그는 앞으로는 책 쓰기를 목표로 서적을 봐야겠다고 했다. 깜짝 놀란 나는 왜 갑자기 책이 쓰고 싶어졌느냐고 물었다.

"책꽂이에 있는 책들을 한번 정리하려고 훑어보고 있는데 다 내가 읽은 책들이었어요. 그런데 그 책 속에는 온통 제 흔적들이 있지만 정작 제 이름이 적힌 책은 없어서요. 그리고 일전에 작가님이 하신 말씀도 생각나고……. 이제는 그것들을 정리할 필요도 있을 것 같아서요. 그리고 생각해 봤는데 회사를 빼고 저를 본다면 저는 인문학을 가르치는 일을 하고 싶어요."

그는 평소에 그가 즐겨 읽었던 분야의 책들을 중심으로 현재 자신의 철학과 접목시켜 정리 중이다. 그는 자신의 새로운 꿈을 그동안 보던 책에서 찾아 접목시키기 시작한 것이다.

"사람은 책을 만들고 책은 사람을 만든다."라는 명언으로 우리에게 익숙한 교보생명의 고故 신용호 회장은 단순히 돈벌이만 생각하는 사업가가 아니었다. 그래서 우리나라 최고의 대형 서점인 교보문고도 설립할 수가 있었다.

그는 전라남도의 작은 마을에서 태어났다. 어렸을 때는 폐병에 걸려서 학교 문턱을 넘을 수가 없었다. 병이 나아 입학하려고 했을 때는 나이가 많다는 이유로 학교에서 거절당했다. 남들이 다 갈 수 있는 학교에 자신만 입학할 수 없다는 것은 아직 어린 그에게 큰 좌절을 맛보게 했다. 하지만 그는 낙담하지 않고 책을 스승 삼기로 결심하고 동생의 책부터 흘끔흘끔 넘보기 시작했다. 그때부터 책은 그에게 선생님이었고 나침반이었다.

그는 병으로 잃어버린 세월을 되찾는다는 각오로 천 일 동안 독서하는 것을 목표로 세우고 부지런히 책을 접했다. 하루는 『카네기 전기』를 읽게 되었는데, 이때 처음으로 사업가의 꿈을 키우게 됐다. 보통의 돈만 아는 사업가가 아니라 진정 타인과 상생할 수 있는 사업가의 미래를 그렸다. 그의 나이 스무 살이 되었을 즈음에는 스스로 지금이 자립할 때라고 느끼고는 가족에게 말도 하지 않고 사업가를 목표로 하고 맨손으로 고향을 떠났다. 일제강점기와 전쟁 등 민족이 겪었던 온갖 힘든 세월을 그도 함께 거치며 지금의 교보생명을 일구고 교보문고를 짓기까지 쉬운 과정은 하나도 없었다. 하지만 그에게는 '카네기 같은' 사업가가 된다는 큰 꿈이 있어서 견딜 수 있었다.

신용호 회장이 읽었던 책은 『카네기 전기』뿐만 아니라 『이순신』, 『임꺽정』 등의 위인전도 포함된다. 그 영향 때문인지 교보생명의 창립 이념은 다른 회사와는 남달랐다. '국민 교육 진흥' 즉 개인의 사적인 이익 창출만을 위한 회사가 아니라 국민과 나라를 생각하는 회사를 설립하는 것이 그의 목표였다. 특히 교보문고를 설립할 때는 많은 반대가 있었지만 그는 이미 책을 통해 배운 지식과 지혜로 인해 책의 가치를 알고 있었다. 책으로 꿈꾸었던 것들을 확고히 할 수 있었기 때문에 그는 대형 서점을 여는 꿈을 포기할 수 없었다.

끝없이 펼쳐진 바다 위에서는 아무리 큰 배라고 할지라도 목적지가 없다면 방향을 잃고 만다. 방향 잃은 배는 그 안에 탄 사람을 불안하게 한다. 사람 역시 마찬가지이다. 한 치 앞을 알 수 없는 인생이라고 해서 목표를 설정하지 않는다면 어느새 자신도 모르게 방향을 잃고 헤매다가 도태될 뿐이다. 책은 사람에게 목표와 방향 설정을 가능하게 해 준다. 어떻게 살아야 하는지, 어떤 사람으로 살아야 하는지 등의 문제를 읽는 사람과 함께 모색하며 그 스스로 선택하게 해 준다.

지금 자신이 진정 하고 싶은 일이 무엇인지 모르겠다면 그동안 읽어온 책들 앞에 다시 한 번 서 보자. 흥미가 있었던 책은 무엇인지 살펴보고 어떤 이야기에 힘을 얻고 동기부여를 받았는지도 확인하자. 그리고 자신의 삶과 마음을 끌어 주었던 그 책들을 통해서 내가 알고자 했던 것은 무엇이며, 새롭게 흡수하고자 했던 것은 어떤 것이었는지 떠올려 보자. 그중에 현실로 실현시키고 싶었던 것이 있지는 않았는지 다시 확인하자. 내 내면의 소리에 귀 기울이며 책을 새로운 마음으로 다시 대면할 때 책에서 내 꿈과 나아갈 방향을 찾을 수 있을 것이다.

내 인생의
시나리오를 쓰자

'시나리오'의 사전적 의미는 두 가지이다. 하나는 잘 알려진 대로 영화나 드라마를 만들기 위해 쓴 각본이다. 다른 하나는 "어떤 사건에서 일어날 수 있는 여러 가지 가상적인 결과나 그 구체적인 과정"이라는 의미이다. 인생을 사는 데 있어서도 이러한 구체적인 대본을 하나 가지고 있다면 어떨까? 상황과 미래가 예측 가능하기 때문에 생각하는 것보다 훨씬 더 많은 일을 해낼 수 있을 것이다. 물론 이 대본은 자신의 삶에 활력을 불어넣어 주고 삶의 지표가 될 수 있는 내용으로 가득 차 있어야 도움이 될 것이다.

미국의 마케팅 리서치 회사인 다트넬이 샐러리맨의 성과를 조사한 결과에 따르면 단 한 번만 거절을 당해도 그 고객을 포기해 버리는 사람이 무려 48%나 되었다. 두 번 거절당한 다음에 포기한 사람은 25%

였으며 세 번까지 권유했다가 포기한 사람은 15%였다. 결국 세 번만 거절을 당하면 88%의 세일즈맨들이 그 고객을 포기해 버린다는 말이다. 그러므로 세 번 이상의 거절에도 포기하지 않는 사람은 겨우 12%에 지나지 않는다는 결론이 나온다.

그렇다면 왜 세일즈맨들은 쉽게 포기하는 것일까? 자신의 정체성을 확립하지 않았기 때문이다. 여기 김밥집을 운영하고 있는 두 사람이 있다. 한 사람은 '비록 지금은 작은 김밥집을 운영하고 있지만 머지않아 우리나라에서 가장 큰 김밥 체인 기업을 만들겠다.'라는 인생의 계획표를 짜 놓았다. 반면에 다른 한 사람은 스스로를 '김밥이나 파는 사람'으로 생각하고 있다. 그 이상의 사람이 된다는 것은 생각조차 할 수 없는 일이었다.

이 두 사람 중에 누가 더 성공할 확률이 높을까? 그렇다. 전자다. 그가 가지고 있는 인생의 시나리오에 그는 '김밥이나 파는 사람' 같은 엑스트라가 아니었다. 오히려 미래의 '김밥 체인 기업의 주인'인 주인공이었다. 그래서 항상 손님들에게 더 친절할 수 있었고 정성을 다해 대한다. 그러니 장사는 잘될 것이고 정말 머지않아 자신의 꿈을 현실로 만들 것이다.

자신을 '김밥이나 말고 있는 사람'으로 여기는 사람은 기껏해야 자신의 인생에서도 주변인으로밖에 남지 못하는 역할을 택한 사람이나 마찬가지다. 그래서 늘 불만에 가득 차 있다. 자기 자신에 대해서도, 또 세상이나 타인에 대해서도 항상 만족스럽지 못하다. 그러니 불친절할 뿐만 아니라 가끔은 손님과 다투게 된다. 당연히 장사가 잘될 리 만무하다.

생각은 행동을 결정하고, 행동은 운명을 결정한다. 이처럼 자신에 대한 규정이 행동을 결정하고 나아가 운명까지 결정하는 것을 자기 규정효과라고 한다. 따라서 먼저 자신이 바라는 인물로 자신을 규정해 놓으면 자신도 모르게 그런 인물로 바뀌는 것이다.

앤서니 라빈스는 독서는 마음의 양식일 뿐만 아니라 참고 경험 역시 개인의 경험에만 국한된 것이 아니라 다른 사람의 것을 빌려올 수도 있다고 했다. 그는 위대한 책을 읽는 의의는 그 책의 작가처럼 생각하는 데 있다고 강조했다. 작가의 참고 경험이 우리의 것이 되면 이러한 참고 경험은 오랫동안 마음에 남을 수 있기 때문이다.

한 해가 시작될 즈음에 미래를 알고 싶은 사람들은 점집에 찾아가거나 새해 운세를 예측해 본다. 하지만 정해진 미래는 없다. 그래서 사람들은 화장이나 성형으로 관상을 고칠 수 있다고 말하는 것이다. 손금 역시 자라면서 실제로 변한다고 한다.

그렇다면 생각해 보자. 과연 지금 내가 겪어온 일들과 선택했던 모든 것들은 어디서 비롯되었던 것일까? 그것은 바로 운명이 아니라 자신이 겪은 일을 통해 정립한 가치관에 따른 선택에서 비롯되었다는 것을 알 수 있을 것이다.

경험이 풍부하고 내실이 있는 사람일수록 어려운 시련이나 난관을 만났을 때도 그 경험들을 바탕으로 극복하려 하고, 다시 한 번 일어서려고 한다. 그러니 삶이 주는 어떠한 경험이라도 최대한 긍정적으로 해석하고 이용하도록 해야 한다. 하지만 살면서 한 사람이 혼자서 겪을 수 있는 일은 무한하지 않기에 체험을 통한 배움 역시 한계가 있을 수밖에 없다.

이 한계를 깨뜨리고 경험의 폭을 넓힐 방법은 바로 간접경험을 통해서 자신의 경험처럼 받아들이는 것이다. 간접 경험의 세계는 우리가 멈추지 않는 한 한계가 없다. 원하면 원하는 대로 무한정 늘릴 수 있고 지금과는 다른 이질적인 세계로의 여행도 가능하다.

특히 자신이 존경하는 사람들을 시공간을 초월해 만날 수 있고, 세계 어느 곳에나 도달할 수 있다. 물론 신문이나 뉴스로도 우리나라를 떠나서 다른 세상을 볼 수 있기는 하다. 그런데 이 매체들은 다른 사람들도 모두 접할 수 있기 때문에 다른 사람들이 보는 것, 생각하는 것 이상의 것을 그려 내기란 쉽지 않다.

다른 것, 어떤 것을 참고해서 내 인생에 무엇을 덧붙일까, 어떤 미래의 시나리오를 써 봐야 할까를 생각한다면 아무리 생각해도 스토리가 있는 책만큼 풍부한 간접경험을 하게 해 주는 매개체는 없다. 남의 말과 글을 통해 그들이 체계적으로 연구하고 이끌어 온 삶을 접하면서 내 미래의 시나리오를 위해 벤치마킹한다면 지금과는 다른 생각과 시각으로 새로운 인생 스토리를 위한 방향을 잡을 수 있게 된다.

『김미경의 드림 온』, 『꿈이 있는 아내는 늙지 않는다』 등의 책을 펴내며 재미있는 독설의 대명사가 된 김미경 씨는 독서운동인 〈책 읽는 청주〉의 영상 편지에서 다음과 같은 말을 전했다.

"사람이 성장하는 데 씨앗이 되는 것은 바로 남의 말이다. 내 말이 아니고 남의 말. 내 말이 되기 위해서는 남의 말을 들어야 하잖아요. 그런데 남의 말이 가장 정리가 잘된 게 바로 책이죠! 책을 통해 남의 말을 잘 듣다 보면 내가 좀 더 멋진 말을 할 수 있고 남에게 좋은 영향을 끼치는 말을 할 수 있는 어른이 될 수 있을 겁니다."

그녀의 말처럼 책은 순전히 남의 말이다. 남의 생각이며 남의 철학이 담겨 있다. 하지만 그 책 한 권에 담겨 있는 그들의 삶과 인생을 오로지 그들의 것으로만 남겨 둔다면 정말 아까운 일이다. 내게 필요한 부분은 반드시 내 것이 되게 해야 한다. 내 삶에 그것들이 녹아나고 내 삶 속에 실현되게 해야 한다.

시나리오를 쓰는 이유는 간단하다. 바로 그것이 무대에서 상연되거나 TV를 통해 많은 사람과 만날 수 있기를 바라기 때문이다. 시나리오 작가에게는 바로 이것이 꿈이 이루어진 순간이다. 개인이 쓰는 인생의 시나리오도 마찬가지다. 꿈꾸던 일이 현실로 나타나게 되었을 때 그 시나리오가 완성되는 것이다. 하지만 시나리오도 쓰지 않은 채 현실에서 나타나기를 기다리는 것은 감나무 아래에서 감 떨어지기를 기다리는 것과 마찬가지이다.

지금 자신이 어떤 인생의 시나리오를 써야 할지 모른다면 갈팡질팡할 시간에 한 장이라도 더 읽자. 남의 글과 철학, 그리고 인생에서 내 삶의 시나리오에 들어갈 만한 내용을 샅샅이 찾아보자.

4 장

밑줄 긋고 생각 적으며
독서하기

책을 지저분하게
만들어라

어렸을 때 새 운동화를 신고 친구들을 만나면 나는 절대로 자랑하지 않았다. 그 이유는 모두 내 새 신발을 밟으려고 혈안이 될 것이 뻔했기 때문이다. 그런데 생각해 보면 나 역시 남들의 새 신발 밟기를 좋아했다. 친구 중 한 명이 새 신발을 신고 와서 자랑하거나 혹은 새 신발처럼 깨끗한 신발을 보면 열심히 밟아서 내 신발의 흔적을 친구의 새 신발 위에 남기려고 누구보다 심한 장난을 치고는 했다. 한번은 내가 먼저 한 친구의 새 신발을 밟으려고 하다가 실패한 적이 있다. 그때 나는 "쟤 새 신발이다!"라고 소리쳤을 뿐인데 다른 개구쟁이들이 나 대신 그 아이를 쫓아가서 신발을 밟아 주었다.

그 아이는 신발을 밟히고는 울면서 집으로 돌아갔고 우리는 갑자기 겸연쩍어진 얼굴로 서로를 쳐다보았던 기억이 아직도 생생하다. 당시에는 놀이였던 신발 밟기의 의미를 나는 다 자라서야 알게 되었다.

길이 잘 들지 않은 신은 위험할 수도 있기에 '신발 밟기'로 신발의 길을 들이는 것이었다.

길든 신발은 주인의 발을 편안하게 해준다. 책 역시 다른 사람이 아니라 나라는 주인을 만났다면 이 '길들임'이 필요하다. 새하얀 종이에 까만 글씨만 있는 새 책은 왠지 함부로 다룰 수가 없는 귀하신 몸 같다. 이런 책은 책꽂이 장식용으로는 좋지만 손이 잘 가지 않아서 읽지 않는 경우도 많다. 무엇이든 내 마음대로 할 수 있다고 느껴질 때야 비로소 진짜 내 것이 될 수 있다. 책도 내 손때가 묻어 있는 것이 나를 편하게 해 준다.

지인 A는 책을 굉장히 정갈하게 보는 습관을 지니고 있다. 좋아하는 책은 때 묻을까 봐 겉표지에 따로 투명지를 대고 포장해 둔다. 그녀에게 있어서 책을 더럽히거나 꾸기는 것은 남자가 금녀의 집에 들어가는 행위와도 같다. 절대로 있어서는 안 될 일인 것이다.

하지만 이렇게 더럽히지 않으려고 하다 보니 사실상 그녀는 책을 읽기보다는 포장하고 관리하는 데 더 많은 신경을 쓰고 있다. 게다가 함부로 꺼내보지도 못하다보니 요즈음에는 책을 사도 읽지도 못한 책이 더 많은 것 같다고 했다. 그녀처럼 책을 깨끗하고 귀하게 여기다 못해 읽지 못하는 사람도 있지만 사실 진짜 책을 사랑하는 사람들은 오히려 책을 자기 것으로 만들기 위해 더욱 지저분하게 읽는다.

모택동은 평생 책과 함께한 사람이다. 그는 일찍이 독서에 대한 그의 사랑을 이렇게 표현하고는 했다. "하루 종일 끼니를 걸러도 되고, 잠들지 않아도 되지만 책은 하루라도 읽지 않으면 안 된다饭可以一日不吃，觉可以一日不睡，书不能一日不读."

어려운 가정 형편에도 꾸준히 책을 읽었던 그가 독서에서 강조한 것은 꾸준함과 다독이었다. 그리고 책을 지저분하게 만드는 것이었다.

종교, 역사, 철학, 군사 등 거의 모든 분야에 걸친 책을 읽었던 그는, 그가 표시해 놓은 각종 기호와 표식으로 깨끗한 책이 없다. 그는 누구보다도 열심히 펜을 움직이는 자신만의 독서법으로 책을 읽었다. 중요한 부분에 동그라미나 삼각형으로 표시해 두거나 가로선, 사선 등의 모든 기호와 선을 사용했고 각 페이지마다 자신의 영감이나 생각을 꼼꼼히 적어 놓은 책들도 많이 있다고 하니 책만큼이나 펜을 사랑한 독서광이었다고 할 수 있다.

『나는 읽는 대로 만들어진다』의 저자 이희석은 책을 읽을 때는 꼭 자기만의 표시를 하라고 강조한다.

"메모하는 습관을 지니는 것은 여러모로 도움이 되는데 책 읽기에서도 유용하다. 책을 한 권 읽었다는 결과론적 사실보다는 책 한 권을 읽으며 내가 얼마나 변화하고 성장했는지가 중요하다. 한 페이지의 책을 읽었더라도 개인사적 도약을 경험하는 것이 더욱 중요하다. 독서는 철저히 개인의 변화와 성숙에 초점을 맞추어 '과정 지향적'으로 읽어야 한다. 그 변화와 성숙을 일으키는 새로운 아이디어와 지적 발견이 자신을 찾아올 때 그것을 메모로 남겨야 한다."

책을 읽을 때 가장 좋은 방법은 그 책의 저자를 직접 만나서 그 책과 관련된 이야기를 나누는 것이다. 이는 현실적으로 쉬운 방법은 아니다. 그래서 저자와의 이야기를 나눈다고 생각하고 그의 생각이 들어간 곳에 밑줄 치며 펜을 긋는 것은 저자의 생각을 받아들이는 한 방법이 될 수 있다. 혹은 그 생각에 반대 관점이라서 줄을 그어 놓을 수도 있다. 이때는 그 이유를 옆에 간략하게 적어 두는 습관을 들인다면 자기 특유의 생각과 사상을 확대할 수 있다.

내가 읽는 책은 그 종류가 시집이든 소설이든 상관없이 모두 귀퉁이가 접혀 있거나 밑줄이 그어져 있다. 이는 좋은 구절을 표시해 둔 것이다. 가끔 네모 박스를 친 단어도 있는데 그것은 키워드라고 생각이 들거나 핵심 단어라고 생각하기 때문이다. 혹은 한 페이지 전체의 내용이 마음에 들 때면 그 장 전체에 동그라미를 그리기도 한다. 그리고 좋은 구절을 보고 따로 생각나는 글이나 연상되는 것들이 있으면 그 즉시 읽고 있는 페이지에 적어 놓는다. 그 생각이 내 머릿속에서 떠나기 전에 작업해야 하기 때문이다.

메모장을 따로 준비한 적이 있는데 메모장을 꺼내다가 놓친 생각들이 한두 가지가 아니었다. 그리고 의문점이 생기면 책의 위아래 여백에 적어 두기도 하고, 적는 것이 귀찮을 때에는 일단 해당 문장 옆에 큰 물음표를 달아 놓고 다음에 다시 보기도 한다. 나는 내 손때가 묻지 않으면 책을 읽은 것 같지 않고 또 내용이 잘 기억이 나지 않아서 꼭 펜을 들고 책을 읽는다. 이런 식으로 책의 문장을 다시 보고 생각하고 의문점을 책에 남기게 되면 책에 저자가 아닌 내 생각을 자꾸 덧붙이게 된다. 그러면 어느새 이 책은 저자의 손을 떠나 독자인 내 책으로 변모하게 된다.

기억력은 반복할수록 머릿속에 깊이 저장되기 때문에 줄을 긋거나 메모하는 등 자기만의 표시를 해두면 내용을 기억하기가 한층 수월해진다. 기억이나 사고력을 키우는 방법 중에 하나가 바로 행동하는 것이기 때문이다. 손으로 끼적여 놓으면 그 내용을 다시 보지 않더라도 기억하는 경우가 많은 이유는 바로 '적는다'는 행동을 했기 때문이다.

이런 경험은 어렸을 때 쓴 일기를 보면 알 수 있다. 다 큰 어른이 된 지금, 당시의 일기를 보면 아무리 옛일이어도 마치 어제 일처럼 뚜렷이 기억나는 것들이 한둘이 아니다. 물론 적어 두었다고 해서 모두 다 상기시킬 수 있는 것은 아니지만 적어도 메모를 하지 않은 것보다는 훨씬 잘 기억되는 것이 사실이다.

책에 밑줄이나 메모를 하는 것이 주는 또 다른 즐거움 중에 하나는 책을 다시 볼 때도 있다. 다시 보게 되는 책들은 주로 자기에게 영감을 주었거나 감동을 주었던 책들이다. 신기한 것은 처음 읽었을 때 표시해 두었던 부분이나 메모해 두었던 부분이 두 번째 읽을 때는 또 다른 느낌을 선사한다는 것이다. '아 내가 이런 생각을 했었구나!', '이때는 왜 이 부분에 감동을 받았을까?' 등 이전에 자신이 표시해 둔 부분을 보면서 자신의 생각을 반추한다는 것은 또 다른 영감을 불러일으킬 수 있는 실마리가 될 수 있다.

그리고 책을 읽었던 그 당시와 다시 읽은 시점의 생각이 다르다면 그 이유를 고민해 보는 시간을 통해 더욱 깊은 사색이 가능하다. 그리고 미리 표시해 두었던 부분만 봐도 책의 전체 내용이 생각이 나기 때문에 다음에 다시 볼 때 시간이 절약될 수 있다는 장점도 있다.

마치 새 책처럼 소중하게 여기는 것이 아니라 내 것처럼 만들어서 내 것처럼 쓸 수 있을 때 내가 사랑하는 책이 될 수 있다. 그러니 나의 생각, 나의 경험 그리고 나의 관점이 책과 함께 어우러질 수 있도록 책에 마음껏 나의 영역 표시를 하자.

재미있게 읽을
방법을 생각하라

에스더와 제리 힉스 부부의 책『뉴비기닝』에는 이런 구절이 있다.

"다른 사람에게서 받는 즐거움을 잘 주시해 보면 보람과 만족이 어디에서 오는지 강력한 근원을 발견하게 될 것입니다. 보다 많은 기쁨을 추구하는 사람들과 발전을 함께한다는 의미는 보다 많은 기쁨을 받아들이는 사람들과 함께한다는 말입니다. 추구하지 않고서는 아무것도 얻지 못하니까요. 스스로 구하지 않으면 결코 찾을 수 없습니다."

아무리 노력해도 즐기는 사람을 이길 수 없다는 말이 있다. 책을 읽을 때도 몇 권을 얼마 만에 읽어 치우겠다는 거창한 목표보다는 일단 즐겁게 읽을 방법을 생각해 보면 어떨까? 독서 역시 즐기는 사람을 결국에는 이길 수 없기 때문이다. 학업에 지치고 업무에 지친 우리에게 소소한 일상의 재미가 활력을 주듯이 독서 역시 즐거움이 있어야 꾸준히 할 수 있다. 그러니 책을 읽을 때 겉에서부터 속까지, 어떻게 하면 자신에게 재미를 직접 부여할 수 있을지 생각하며 독서를 즐길 작은 방법들을 찾아보자.

한 친구는 책을 재미있게 읽는 방법으로 띠지를 선택했다. 최근에는 많은 책이 띠지를 몸에 입고 출간되는데, 그는 그 책의 띠지 중에서 마음에 드는 단어나 문장을 오려서 책갈피 대용으로 쓰고는 했다. 그의 말에 의하면 이렇게 띠지를 쓰면 문구점에서 살 수 있는 띠지보다 독특한 모양의 띠지를 갖게 되어 좋고, 잃어버려도 전혀 아깝지가 않다고 했다. 그리고 가끔 띠지에 적힌 짧고 임팩트 있는 단어나 문장을 보면서 다시 한 번 책의 내용을 상기할 수도 있으니 스스로의 방법에 만족하고 있다.

나 역시 띠지를 사용하고 있다. 처음에는 띠지를 세 조각으로 나누어서 사용했다. 한 띠지는 내가 읽은 곳에 표시용이었고 가장 작게 자른 조각은 내가 오늘 읽을 분량 즉 목표량을 표시한 띠지였다. 마지막 띠지는 겉표지 뒤에 나오는 면지를 일기장으로 쓰면서 그곳에 표시해 두기 위해 사용했다. 하지만 책갈피용 띠지가 너무 많은 것 같아서 지금은 하나의 띠지만 사용하고 있다.

처음에 띠지를 사용해서 책갈피를 만들었던 이유는 이 친구를 벤치마킹해서 나 역시 책을 좀 신선하게 보고 싶었기 때문이었다. 하지만 목표량을 표시해 둔 띠지에 내가 의외로 큰 부담을 느끼고 있음을 깨달았다. 동기부여가 될 줄 알았는데 늘 과도하게 목표를 잡아서인지 오히려 역효과를 봤다. 그래서 나는 목표량을 표시해 둔 띠지를 없애고 그다음에 일기장에 꽂아 두었던 띠지도 없앴다. 어차피 책 표지를 열면 바로 면지가 나오기 때문에 이것도 굳이 필요치 않았다. 그래서 현재 하나의 띠지만을 사용하고 있으며 그 띠지 안쪽 여백에 책에서 읽은 좋은 문구를 옮겨 적어 놓는다.

책을 재미있게 읽는 또 다른 방법으로는 마음껏 상상의 나래를 펼쳐보는 것이다. 보통 책을 통한 상상이라고 하면 책 속 내용의 주±가 되는 인물이나 배경을 상상하는 것을 예상하겠지만 중국에서 유명한 작가이자 사회 활동가로 활약했던 바진巴金은 조금 다른 상상을 즐겼다. 그것은 바로 책이 없는 상황에서 독서를 하는 것이었다. 어떻게 이런 일이 가능했을까?

그는 아파서 병원에 입원했을 때 한 시간도 안 되는 낮잠을 자고 나면 소파에 앉아서 두 시쯤에 그를 찾아와 체온을 재는 간호사를 기다렸다. 그는 간호사가 올 때까지 앉아서 조금의 미동도 하지 않았다. 그렇다고 잠을 자는 것은 아니었다. 오히려 그의 머릿속은 결코 쉬는 법이 없었다. 그는 과거에 그가 읽었던 작품이나 책의 내용을 떠올리며 이 시간을 보냈다. 그럴 때마다 그는 마치 기억 속의 책이 그의 기억력이 완전히 쇠퇴하기 전에 그에게 아름다운 추억을 만들어 주려고 하는 것만 같았다. 그에게는 몸이 불편해도 이렇게 조용히 앉아서 자신의 머릿속에서 책장을 넘기며 독서하는 일이 가장 재미있는 일과였다.

상상력은 책을 읽기 전에도 발휘될 수 있다. 책의 띠지나 겉표지를 보고 나서 이 책이 무슨 내용인지 추리해 보는 것이다. 혹은 제목으로 이 책의 타깃층을 생각해 보는 것도 책에 대한 흥미를 스스로 찾는 방법 중에 하나이다.

가끔 제목에 이끌려서 책을 샀다고 이래도 되는지를 문의하는 사람이 있다. 읽어 보니 내용이 좋아서 안도했지만 단순히 책 제목에만 이끌려 산 것이 계속 신경이 쓰이는 것이다.

나는 책 제목은 그 책의 가장 큰 주제이고 콘셉트이기 때문에 책을 알 수 있는 가장 쉬운 방법으로 책을 고른 것이라고 조언해 주었다. 그러면 그제야 자신이 틀리지 않았다는 생각에 안심한다. 하지만 책을 고르는 방법에 굳이 맞고 틀리다는 생각을 적용할 필요는 없다. 오히려 '이 책 제목이 왜 나를 이끌었을까?'를 생각한다면 그것이 현재 자신의 관심사고 자신이 가지고 있는 문제점일 수도 있는 것이다.

한 폭의 그림 같이 예쁜 표지를 보고 책을 구매하는 것 역시 잘못된 방법이라고 생각하지 않는다. 표지는 그 책을 감각적으로 표현해서 독자들과의 거리를 좁히고 더 쉽게 와 닿을 수 있게 만든 것이다. 표지와 제목은 마케팅과 직접적인 연관이 있기에 출판사에서 각별히 신경 쓰는 것이 사실이지만 독자들은 굉장히 예리한 사람들이다. 절대로 내용이 빈약한 책이 표지만 예쁘다고 해서 팔리지 않는다. 겉만 번지르르한 책은 이내 그 바닥을 드러내게 되어 있다. 특히 우리나라의 입소문과 고객의 까다로움은 세계적으로도 정평이 나 있지 않은가.

오죽하면 모 외국계 음료 회사도 새 음료가 나오면 시음 장소로 한국을 택한다고 할까. 한국에서 인정받으면 다른 나라 시장에서도 승산이 있다고 생각하기 때문이다. 까다로운 고객을 상대하려면 겉포장과 속 내용 모두를 만족시켜야 한다.

책을 재미있게 읽을 수 있는 방법 중의 하나는 책을 끝까지 읽는다는 강박관념에서 벗어나는 것이다. 자신이 읽은 부분에서 충분한 지식을 습득했거나 앎이 확장되었다면 내가 읽고 있는 책의 역할은 모두 끝난 셈이다. 그러니 그것으로 만족하고 책을 덮어도 전혀 이상할 게 없다.

어떤 사람들은 일부만 읽으면 그것이 책을 읽은 것이냐고 하겠지만 실용서나 시집 등을 살펴보면 각 장이 꼭 서로 긴밀하게 구성되어 있지는 않다. 오히려 각 파트마다 약간은 다른 주제가 선명하게 부각되어 있을 때가 많다. 단 한 줄을 읽었어도 책에서 자신이 느낀 바가 있거나 습득한 아이디어가 있다면 그 책을 다 읽은 것이다.

이외에도 책과 멀어지지 않고 있는 시간을 활용하며 재미있게 읽을 방법은 얼마든지 찾아볼 수 있다. 모든 일은 주동적으로 내가 하고 있을 때 더욱 빛을 발한다. 독서 역시 마찬가지다. 억지로 시킨다고 할 수 있는 일이 아니고 밥벌이까지 책임지고 있는 직장인에게 독서를 억지로 시키는 사람도 없다. 그러니 독서하고자 마음먹었다면 책임지는 어른답게 꾸준히 읽을 수 있는 방법을 모색해 보고, 스스로 재미와 흥미를 불러일으키는 다양한 시도를 해 본다면 책이 내 인생에서 떨어져 나갈 일은 결코 없을 것이다.

책 속 여백이
곧 독서 노트다

  내가 중·고등학교에 재학 중일 때에는 교과서가 든 가방 이외에 도시락도 들고 다녀야 했다. 지금이야 각 학교마다 급식을 시행해서 도시락 통을 들고 다녀야 한다는 부담은 없을 것이다. 그 시절을 지금과 비교해 본다면 특히 어머니들이 무척 고단하고 힘들었을 것이다. 매일 아침 자녀보다 먼저 일어나 아침상뿐만 아니라 점심과 야간 자율 학습 도시락까지 준비하셨으니 말이다.

  학창 시절, 작은 내 키에는 책가방을 메는 것도 버거운데 이 도시락까지 들고 다니면 그야말로 어깨가 빠질 것 같았다. 특히 겨울에는 보온 도시락 통을 들고 다녀야 했기 때문에 여름철보다 더욱 무거웠다. 밥을 먹지 않을 수는 없고 책가방의 무게는 줄여야 했기에 나는 공책을 최대한 사용하지 않는 방법을 택했다. 교과서마다 공책이 한 권씩 있으면 더욱 무게가 느껴졌기 때문이다.

수학 문제 풀이를 위한 연습장도 학교에 한 권, 집에 한 권 비치해 두고 최대한 가방을 가볍게 할 궁리를 했다. 내용 정리가 필요하다면 필기는 교과서의 모든 여백 위에 했다. 여백이 부족할 때에는 포스트 잇에 필기 후 해당 페이지에 붙여 놓았다. 무조건 가방의 무게를 덜 수 있는 방법을 찾는 것이 나의 목표 중의 하나였다.

지금도 마찬가지다. 학창시절만큼 많은 것을 가방에 넣어 가지고 다닐 필요는 없긴 하지만 여전히 나는 가방이 무거운 것을 싫어한다. 여자들이 가방 속에 꼭 넣어 가지고 다니는 화장품 클러치 가방도 무게를 늘리기 때문에 가지고 다니지 않는다. 내 가방에는 보통 지갑과 립스틱 그리고 책 한 권이 전부다.

무거운 것을 싫어하는 것 말고도 내게는 개인적으로 노트 정리를 싫어하는 이유가 있다. 사실 내 글씨체가 정갈한 편이 아니다. 모두들 내 글씨를 보면 이렇게 쓸 줄 몰랐다고 놀라고는 한다. 초등학교 2학년 때까지만 해도 교내글씨쓰기대회에서 상도 받았었는데 왜 이렇게 천재적인? 수준의 글씨체가 되었는지 알 수 없는 노릇이다. 이것이 내가 하얀 여백뿐인 공책은 특히나 부담스러워하며 별로 좋아하지 않는 이유이기도 하다.

독서 노트를 활용한 방법들이 소개된 책이 많이 나와 있다. 나 역시 이런 책들을 읽고 비슷한 방법을 써 보기는 했지만 이동 중에 또 다른

다이어리나 공책을 가지고 다녀야 한다는 부담감이 있었다. 물론 집에 돌아와서 읽은 책을 정리하면 되지만 마음먹은 것처럼 쉽지는 않았다. 그래서 다시 나의 방법대로 책의 여백을 활용했다.

책 겉표지를 넘겨보면 앞뒤로 여백뿐인 면지가 한두 장씩 있다. 그리고 요즘에는 각 장이 끝나면 바로 여백을 두고 있는 책들이 종종 눈에 띈다. 물론 이런 빈 장이 없는 책도 있지만 본문의 위아래는 늘 충분한 여백이 존재한다. 우리는 이 모든 여백을 다 사용할 수 있다.

책을 읽는 도중에 좋은 구절이라 밑줄만 그어서 성이 차지 않을 때는 직접 그 문장을 써 보기도 한다. 오랫동안 곱씹을 수 있고 장기 기억도 가능하기 때문이다. 책의 어떤 구절이나 내용을 보고 갑자기 생각난 글이나 단어, 아이디어들은 책을 읽고 있는 그 페이지의 상단 여백에 적어 놓는다.

각 주제별로 정리가 필요하다면 여백이 가장 큰 곳을 이용한다. 먼저 큰 여백을 반으로 나눠서 각 장, 혹은 소제목들에서 내가 읽으면서 체크한 내용을 옮겨 적어 놓는다. 책 내용 즉 저자의 말은 축약해서 왼쪽에 적어 두고 오른쪽에는 그 구절에 대한 내 생각이 깃든 글을 모두 적어 놓는다. 책 속 여백이 내 개인 독서 노트가 되는 것이다.

『30대, 다시 공부에 미쳐라』의 저자 니시야마 아키히코도 책에 손때를 묻혀 가며 읽는 방법을 강조한다.

"책을 읽을 때 노트에 그대로 옮겨 적는 사람이 있는데 같은 내용을 그대로 베끼는 것은 그다지 의미가 없다. 책을 읽고 많은 효과를 보았다든가 제대로 읽을 줄 아는 사람들을 보며 십중팔구는 책을 지저분하게 다룬다. 밑줄도 긋고 중요한 페이지는 접어놓기도 하고 책갈피도 여기저기에 끼워 놓는다. 중략 따로 노트를 만들어서 일목요연하게 정리하는 사람도 있는데 결국에는 다시 책을 들춰 볼 수밖에 없기 때문에 노트에 적은 내용은 목차나 색인에 불과하다."

독서 노트를 깨끗이 정리했다고 하더라도 나중에 다시 펼쳐볼 때 그 구절만 봐서는 잘 생각이 나지 않을 때가 있다. 결국 다시 관련 책을 옆에 두고 앞뒤의 내용을 살펴봐야 한다. 그래서 자기가 적어 놓은 글이 들어가 있는 책을 펼쳐서 읽는 것이 다시 책을 훑어볼 시간도 절약해 주고 그 책을 읽었을 때의 기분을 살려 주기 때문에 더욱 유용하다. 중국에 "펜을 쓰지 않는 것은 책을 읽지 않은 것과 같다不动笔墨不读书."라는 옛말이 있다. 읽어 보고, 되뇌고, 생각해 본 것을 기록하며 자신의 흔적을 자주 남기는 것이야말로 진짜 책을 읽은 것이라는 뜻이다.

책 한 권만 있으면 정말 여러 용도로 사용 가능하다. 말 그대로 지혜의 보고寶庫로 두고두고 읽을 수도 있고, 흰 공간을 독서 노트로 활용할 수도 있으며 표지 다음의 면지를 나만의 멋진 일기장으로 활용할 수도 있다. 이 역시 일기장을 따로 만들고 싶지 않아서 생각했던 방법이다. 특히 책 속의 면지는 색깔도 예쁘고 각 책마다 다른 색으로 구성되어 있어서 질리지 않는다. 나는 이곳에 책과 관련 없는 나 자신의 하루 일과를 적고는 한다. 물론 어떨 때에는 일기를 쓴다는 게 책

제목과 관련한 이 책에 대한 나의 기대나 상상을 적을 때도 있다. 아무렴 어떤가. 무엇인가를 내 마음대로 적을 공간이 이렇게나 많은 것을!

한번은 지하철 안에서 어떤 여자가 내 발을 밟고도 사과 한마디 없이 내린 적이 있다. 살짝 밟은 게 아니어서 사과 한마디 없이 내리는 그녀의 뒷모습을 보면서 조금 황당했지만 그녀는 이미 지하철에서 내려 멀어져 가고 있었다.

나는 처음에는 씩씩거렸다. 사과도 하지 않는다며 중얼거림으로 불만을 나타냈다. 그래도 분이 안 풀려서 가지고 있던 책의 면지에 적기 시작했다. 이렇게 두세 줄 적고 나니 기분이 좀 풀리는 것 같았다.

책에 일기를 쓰면 좋은 점은 하나 더 있다. 나중에 다시 책을 들춰볼 때 내가 이 당시 이 책을 볼 때 어떤 일이 있었는지를 알 수 있다는 것이다. 내 하루하루가 읽고 있는 책과 혼연일체가 되어 책 한 권에 모두 들어가 있는 셈이 된다.

영국 시인 윌리엄 워즈워스는 "책은 한 권 한 권이 하나의 세계"라고 했다. 단순히 읽고 덮는 것에서 그치지 말고 한 줄이라도 읽었다면 읽은 만큼의 작은 세계를 내 것으로 만들 생각을 해야 한다. 접하지 못했던 세계에 대한 탐독으로 하루를 보내며 그 세계에서 만난 내용을 정리하고 생각하는 동안 나의 세계도 그만큼 넓어지고 깊이 있게 변화하고 있을 테니.

책을
'사용'하라

일전에 한 중국인이 인터넷에 게시한 재미있는 내용의 글을 본 기억이 난다. 그 중국인에게는 한 외국인 친구가 있는데 그 외국인 친구가 비행기 안에서 경험했던 바를 중국 친구에게 말해 주었고 중국인이 글로 옮긴 것이었다.

글쓴이의 외국인 친구는 중국행 비행기를 타게 되었는데 중국인이 승객의 대부분이었다. 그는 무심코 비행기 안에서 짐을 정리하고 잠시 책을 보다가 주위를 둘러보게 되었는데 정말 깜짝 놀랐다고 한다. 주변의 많은 사람들이 곧 이륙하니 전자기기 사용을 잠시 중단해 달라는 기내 방송에도 불구하고 핸드폰을 보거나 아이패드로 게임을 하고 있었다. 그중에 어떤 사람은 마지막까지 게임에 열중했는지 스튜어디스가 와서 친절히 주의를 줄 때까지 핸드폰을 손에서 놓지 못했다.

비행기가 이륙하고 나서 다시 책에 열중하던 그 외국인은 잠시 화장실에 들르기 위해 일어섰다. 그의 자리가 화장실과 거리가 조금 멀어서 여러 좌석을 지나쳐야 했는데 그때 그는 깨달았다. 자기가 여러 좌석을 지났을 뿐만 아니라 동시에 여러 스마트한 기기들스마트폰, 노트북 등을 함께 지나고 있다는 것을.

화장실에서 돌아오는 길에 그 외국인은 또 한 가지 재밌는 사실을 발견했다. 기내 안의 몇몇 자신과 같은 외국인들은 신문을 보거나 책을 읽고 있는데 중국인들은 대부분 모두 이 똑똑한 기기에 눈을 고정시키고 있었기 때문이다. 그리고 이 글을 쓴 중국인은 마지막에 책을 읽지 않는 중국인에 대해 자성의 목소리를 함께 남겼다. 대중교통 등을 이용할 때의 풍경을 생각해 보면 우리나라의 사정도 중국과 별반 차이가 없다.

세상에 있는 모든 물건은 사용하기 위해 만들어졌다. 밥통은 밥을 짓기 위해, 펜은 글씨를 쓰기 위해 만들어졌다. 사람이 사용하는 한 저마다 자기 위치에서 용도에 맞게 자기가 할 일을 하고 있는 것이다. 책 역시 마찬가지이다. 성경은 하나님의 말씀을 전파하고 알리고 또 보존하기 위해 만들어져 여태까지 전해져 내려왔고, 많은 사상과 철학들도 책이라는 형태로 먼 미래에 사는 우리에게까지 전해졌다. 아마 지금 탄생하는 책들 역시 더 먼 미래로 전해질 것이다. 책이 이렇게 계속 전해질 수 있는 것은 사용할 수 있는 물건이기 때문이다.

직장인 A는 여행을 좋아한다. 그는 떠나기 전에 책을 잘 사용한다. 특히 해외여행을 가는 경우라면 더더욱 책을 참고해서 사전 답사하고 여행의 목적도 다시 한 번 생각해 본다. 그도 예전에는 대충 짐을 꾸려서 떠나는 식의 여행을 했지만 첫 베이징 여행을 할 때 책의 도움을 받았던 것이 큰 도움이 된다고 생각해서 이렇게 바뀐 것이다.

그때에도 그는 베이징 여행을 앞두고 그냥 구경이나 실컷 하고 사진이나 찍고 와야겠다고 생각했다. 왜냐하면 가 보지는 않았지만 주변에서 이야기를 많이 들었고 중국 역사는 어느 정도 귀동냥으로 알고 있는 데다가 TV에서 자주 봐서 그런지 익숙한 느낌이 드는 곳이었기 때문이다.

여행을 일주일쯤 앞둔 어느 날 그는 전명윤, 김영남 공저의『중국여행 100배 즐기기』라는 책을 보게 되었다. 책을 읽는 편이 아니었지만 중국 여행을 계획 중이던 그에게 중국에 몇 번 여행을 갔던 친구가 이 책을 선물로 주었고 그 성의로 보게 된 것이었다.

사실 남들처럼 해외여행으로 연차는 쓰고 싶고 그렇다고 꼭 중국 아니면 안 될 무슨 목적이 있는 것도 아니었기 때문에 처음에 책을 읽을 때는 그다지 기대하지 않았다고 한다. 하지만 그는 책을 보고 나서 생각이 달라졌다.

책을 읽기 전에 그는 중국 일정은 항상 3박 4일이나 길어도 4박 5일 정도로 패키지로 가면 빨리, 많이 볼 수 있을 거라고 생각했는데 이 책 속에 나와 있는 일정은 그보다 더 긴 경우도 있었다. 잘 계획하면 유럽 대륙을 횡단하는 것 못지않은 배낭여행 코스가 될 수도 있을 것 같았다. 특히 중국에 대한 기본적인 정보, 역사와 음료 문화 등에 대해 상세하게 기록되어 있었다. 그는 자기가 왜 중국 여행을 가려고 했는지 다시 생각해 보았다. 대충 시간을 때우기 위해, 돈을 쓰기 위해 떠나는 게 아닌데 너무 준비가 안일했다고 깨달은 것이다.

그는 대충 보고 오려고 했던 2박 3일 일정을 4박 5일로 변경했다. 그리고 북경을 꼼꼼하게 봐야겠다는 생각에 중국 역사책도 세 권 정도를 읽었다. 가고자 했던 자금성, 이화원, 원명원, 만리장성 등에 관련된 블로그를 뒤져 보기 시작했고 그 주변의 맛집에 대한 정보도 더 모으기 시작했다.

베이징 여행 후 그를 만났을 때 중국 여행에 대한 그의 만족도는 굉장히 높았다. 남들은 자금성 앞에서, 천안문 앞에서 찍은 사진을 내게 보여주고는 했는데 그는 달랐다. 내게 만리장성에 대한 짧은 이야기와 함께 가서 보기 전후의 느낀 점을 신이 나서 말해 주었다. 그래서 그런지 그는 마치 나와 대화를 나누고 있는 그 순간에도 중국 여행 중인 것 같았다.

책은 활용하려고 하면 여러 곳에서 힌트를 얻어 사용할 수가 있다. 이는 외국어를 공부할 때도 마찬가지이다. 외국어를 재밌게 공부하는 방법 중에 하나는 '폼 나게' 공부하는 것이다. 논어에 보면 "배우고 때때로 익히니 어찌 기쁘지 않겠는가學而時習之不亦悅呼."라는 구절이 있다. 이 문장은 학창 시절 한문 시간에 배웠던 문장이었지만 잊고 산 지 오래였다. 대학생이 되어서 다시 책으로 접하니 옛날 학창 시절도 생각나면서 뭔지 모르지만 새로운 느낌으로 다가왔다. 나는 문득 이런 문장 하나 중국어로도 외워두었다가 기회를 봐서 중국 친구에서 써먹으면 좋겠다고 생각했다.

하루는 중국 친구와 이야기하다가 자연스럽게 공부로 화제를 돌렸다. 내가 "공자는 '배우고 때때로 그것을 익히니 어찌 즐겁지 않겠는가!'라고 했는데, 나는 오늘 왜 이렇게 공부가 하기 싫지 子曰, '学而时习之不亦悦乎!' 而我今天为什么不想学习呢?"라고 말하자 내 중국 친구는 그런 말도 할 줄 아느냐고 깜짝 놀라기도 했다. 나는 그녀의 반응을 보면서 흐뭇했다.

윤정은 작가의 『하이힐 신고 독서하기』에 보면 스위스 벨퐁타인 코리아 본부장인 김민정 씨의 굉장한 독서 습관이 언급되어 있다. 김민정 씨는 미국에서 공부하다가 IMF로 인해 할 수 없이 한국에 귀국하여 큰 절망에 빠졌다. 그때 우연히 나폴레온 힐의 책을 접하고 용기를 얻었다. 그녀의 가방에 들어 있는 책은 주로 영어로 된 자기 계발서 서적이다. 자기 계발서는 여러 권 읽다 보면 반복되는 내용들이 있기 때문에 소설이니 고전을 영문으로 읽는 것보다 훨씬 쉽게 접근이 가능하고 성공자의 마인드를 배울 수 있어서 일거양득이다. 그녀처럼 영어 공부와 독서 그리고 동기부여까지 세 마리 토끼를 잡으려는 사람들은 이 방법을 참고해도 좋을 것이다.

일상생활에서 가장 멋지게 책을 '사용'하는 방법은 바로 가지고 다니는 것이다. 나는 대중교통을 이용할 때 책을 손에 든 사람을 보면 왠지 반갑다. 옆에 가서 인사라도 건네고 무슨 책을 읽고 있냐고 묻고 싶다. 가끔은 남이 손에 든 책 제목이나 내용을 흘끗거리며 보기도 한다. 이렇게 책을 들고 다니는 사람이 내 눈에는 제일 멋진 사람이다. 이들이 내게 멋쟁이가 될 수 있는 이유는 우리나라에서 책을 손에 들고 있는 사람을 만나기가 어렵기 때문이다.

책이야말로 그 사람의 지성을 겉으로 표현한 액세서리가 될 수 있는 게 지금의 현실인 셈이다. 이런 현실이 조금 안타깝기는 하지만 책을 읽는 사람으로서는 나쁘지 않다. 오히려 더욱 자랑스럽게 남들이 가지지 않은 액세서리를 손에 펼쳐 들고 있으면 되는 것이다. 물론 들고 다니기만 해서는 안 된다. 그 안의 내용을 읽어야 한다. 하지만 이런 걱정은 할 필요가 없을 것 같다. 굳이 들고 나온 책을 읽지 않은 사람은 없을 테니까.

온라인 서점에 읽은 책에 대한
서평을 남겨라

평소에는 책에 직접 책 속 내용을 요약하거나 아이디어를 적지만 가끔은 서평을 써 보는 것이 좋다. 좋은 글을 발췌해서 읽고 그 뜻을 때때로 음미한다면 지식적으로도 얻는 바가 있다. 특히 서평은 저자가 쓴 말을 내 식으로 바꿔 새로운 표현을 시도해 보는 연습의 장으로 이용할 수 있다.

서평을 쓰면 먼저, 책 내용을 전체적으로 다시 한 번 상기하면서 책에서 받은 영감을 떠올릴 수 있다. 자신의 생각과 그것을 접목시키는 과정을 통해서 책뿐만 아니라 자신의 새로운 생각과 조우하는 기쁨을 얻게 되는 것은 서평 쓰기의 재미이다.

그다음으로 공개적으로 쓰는 글은 다른 사람과의 간접적 만남을 유도하는 통로가 되어 의견을 교환하고 교류할 수 있는 기회를 획득할 수 있다. 좋은 서평에는 댓글이 달리기도 하는데 이렇게 교류가 시작될 수 있다.

세 번째로 요즘은 자기표현 시대인 만큼 언제 어디서나 스스로를 체계적으로 드러낼 줄 알아야 하는데, 서평 쓰기가 도움이 된다. 서평을 쓰는 것은 독서의 연장선과 함께 자신의 느낌과 철학을 PR하는 것이라고 볼 수 있으며 좀 더 체계적인 글을 통해 자신을 표현하는 행위라고 할 수 있다.

공개적으로 쓴다는 것은 다른 사람과 생각을 나누고 의견을 나누고 공유하려는 행위이다. 그래서 개인적으로 책 속의 내용을 정리하는 것과는 좀 더 다른 방향으로 글을 써 보려고 하기도 하고 책 내용과 나, 이렇게 두 사람의 대화가 아닌 글을 읽게 될 제3자의 입장에서도 한 번 고려해 보며 자신의 세계를 더욱 성숙시킬 수 있다.

임정섭 작가는 『글쓰기 훈련소』에서 서평을 이렇게 설명했다.
"좋은 서평은 독자의 기억에 남는 글이다. 그러기 위해서는 책의 핵심 내용을 찾고, 그것을 '콘셉트화'하는 일이 필요하다. 쉽게 말해 내용을 독자들에게 잘 전달할 수 있도록 묘안을 찾는 것이다."
책은 읽는 사람마다 그 내용이 달라진다. 단 한 줄, 단 한 단어에서도 천차만별의 의견이 나올 수 있고 여러 해석이 나올 수 있다. 각자가 지닌 가치에 대한 기준이 달라서 어떤 사람이 깊은 생각으로 본 것을 다른 사람은 상대적으로 덜 중시할 수도 있다. 물론 그에 따른 주관적인 의견이 피력된다. 책 속 정리나 일기는 자신 이외의 다른 사람이 볼 일이 별로 없기 때문에 주관적 감상으로만 서술해도 상관없지만 서평은 남들과 공유하는 일이므로 주관적인 감상과 함께 자신의 생각에 대한 논거를 충분히 제시하려고 하기 때문에 주관적이긴 하나 나름대로의 객관성을 유지하려고 애쓰며 작성한다.

임정섭 작가의 말대로 서평을 쓸 때는 자신이 생각하는 책의 핵심 내용을 찾아서 그것에 스스로의 생각과 가치를 잘 버무려서 전달하면 되는 것이다. 책을 인용하고 싶을 때에는 이 핵심 내용에 부합하는 부분을 중심으로 다시 한 번 압축하고 정리해서 글을 쓰는 것은 자신의 글쓰기 능력 향상에도 도움이 된다. 한 권의 책을 요약한다는 것이 어려우면 책 속에서 자신에게 울림을 주었던 부분을 중심으로 서평을 작성해도 좋다. 자신에게 맞는 부분을 찾아냈다는 것이 이미 훌륭한 독서를 한 셈이다.

요즈음에는 소셜 네트워크가 발달해서 이러한 서평을 올리기가 훨씬 쉽고 또 공유도 빨라졌다. 트위터나 페이스북부터 일인 미디어 시대의 기본인 블로그까지. 모든 곳에 자신의 의견을 표현하고 공개할 수 있게 되어 있다. 또한 좋은 글을 올리면 서로 전송하고 스크랩해 가기도 한다. 나도 책과 중국어에 관련된 블로그를 운영하며 소통 중이다.

전체적인 책의 내용의 흐름을 내 생각과 함께 요약해서 글을 작성할 때도 있고 감명 받은 한 부분에 대해서만 글을 올릴 때도 있다. 내가 서평을 쓰는 목적은 그 책이 궁금하게 만드는 것이기 때문에 보통 상세한 서술은 하지 않는다. 그리고 그 책에 대해 댓글을 달아 주거나 따로 이메일을 보내 주신 분들과는 좀 더 깊은 의견을 교환하기도 하고 또 다른 책을 추천해 드리기도 한다.

서평을 쓸 때에는 서평을 찾아보는 사람에게도 그 나름대로의 목적이 있다는 것을 이해하고 쉽게 쓰는 것도 좋다. 서평을 읽는 사람들은 미리 책에 대한 독자들의 반응과 감상을 살펴서 그 책에 대한 정보를 얻는 것이 주목적이다. 쓰는 사람이 최대한 본인이 느끼고 깨달은 바를 이해하기 쉽게 써 준다면 글쓰기 연습이 될 뿐만 아니라 참고할 사람을 배려하는 마음가짐을 온라인상에서도 배울 수 있다. 기본적으로 글쓰기의 기본은 내 말을 상대가 이해할 수 있도록 쓰는 것이다. 상대를 생각하지 않고 공개하는 글쓰기보다는 한 번쯤 생각해 보는 것이 생각의 폭도 넓혀줄 것이다.

서평을 쓰고 보게 되는 또 다른 목적은 바로 같은 책을 읽은 타인의 생각이 궁금하기 때문이다. 한 권의 책을 여러 사람이 공유하다 보면 더 많은 것을 얻을 수 있다. 다른 사람들을 만나서 책과 관련된 이야기와 함께 의견을 교환하면 내가 생각하지 못했던 것을 발견할 수 있고 또 떠올리지 못했던 좋은 아이디어를 만날 수도 있다. 이것이 책

한 권을 두고 여러 명이 공유하다 보면 마치 여러 권의 책을 읽는 것과 같은 느낌이 드는 이유이다. 다른 사람들의 의견을 받아들임으로써 더욱 폭넓은 시각을 가지며 또 다른 방식으로 생각해 볼 수 있기 때문이다.

사실 독서 토론을 위한 모임 등에서 책을 공유하면 더 좋겠지만 시간상 거리상 불가능할 때는 각자가 쓴 서평으로 대체 가능하다. 편리함과 공간 초월이 인터넷의 가장 큰 장점이니 충분히 활용하자. 가끔은 독자가 아니라 저자가 되어야 할 정도로 필력이 좋은 서평을 만나게 된다. 필력뿐만 아니라 읽는 사람을 배려해 쓰면서도 자신의 깊은 철학을 책과 함께 제대로 된 글로 엮은 서평을 보게 되면 고마움이 느껴진다.

책을 읽는 사람들은 다른 사람의 생각을 통해서 한 번 더 책을 읽는다. 그들이 보고 느낀 것에서 다시 한 번 느끼고 배우고 더 큰 것을 얻으려고 한다. 책을 통해서 개인적으로 배움을 얻고 느낀 개인적인 독서를 충분히 했다면 이제는 공유를 통해서 남들과 함께 독서하는 시간을 마련하자. 그리고 자신 역시 다른 사람의 서평을 통해 책을 다시 대하자.

책, 그리고 사람과 함께 더욱 크게 성장할 것이다.

책은 반드시
구입해서 읽어라

　미국 시카고 인근의 알링톤 하이츠 기념 도서관이 있다. 이 도서관
은 6년 연속 별 다섯 개를 받은 최고의 도서관이다. 현재 지역 주민의
69%가 도서관 회원으로 등록되어 있으며 지역 주민 1인당 34.6권의
대출률을 자랑한다. 재미있는 것은 이곳이 모든 이에게 개방되어 있
지만 결코 무료가 아니라는 점이다.

　그곳의 방대한 자료들을 대여하기 위해서는 우선 알링톤의 거주민
이어야 한다. 알링톤 거주민은 약 77,000명인데, 작년에 이 도서관의
한 해 예산이 약 천3백 82만 달러였다. 즉 주민 1인당 약 179불약18만 원
의 세금을 지급하고 누리는 혜택이 바로 도서관 이용이다. 4인 가족
을 기준으로 볼 때 연간 약 72만 원 을 상회한다. 물론 이 도서관은 기
꺼이 지급하고 이용할 만큼 각종 편의 시설과 시청각 자료가 업데이
트되고 있는 것은 사실이다. 그래도 인당 약 18만 원이나 되는 세금을

내고도 도서관을 이용하려는 알링톤 주민들의 책에 대한 사랑을 엿볼 수 있는 대목이기도 하다.

하지만 아무리 좋은 도서관이라고 할지라도 빌린 책은 오래 보관할 수도 없고 내 손때도 묻힐 수 없는 '남의 책'이다. 감명 깊은 구절을 읽었어도 귀퉁이를 접어 놓을 수 없으니 메모지나 다른 공책에 꼭 옮겨 적어야 한다. 옮겨 적기가 귀찮아서 건너뛰면 결국 그 글귀는 그렇게 스쳐 지나가고 만다. 책을 읽다가 얻게 된 아이디어는 바로 적어 둬야 저장 가능하다. 소장하지 않으면 자신이 필요할 때 그 책을 찾아볼 수가 없다. 하지만 내 책이라면 이런 제약에서 자유롭다. 책을 마음껏 쓸 수 있기 때문이다.

많은 사람들이 비싸다는 이유로 책을 빌려 보고 있다. 그렇다면 과연 우리나라의 책값이 그렇게 비싸게 책정된 것일까? 프랑스는 선진국이기는 하지만 책값이 우리나라의 약 두 배 정도로 높다. 환율을 비교해도 다소 비싼 책값이다. 하지만 프랑스인들은 자서전, 인문서, 소설 등 분야를 가리지 않고 독서를 즐기고 책을 사랑하고 있기 때문에 출판 경기는 꾸준히 호황을 누리고 있다. 영국과 일본 등 많은 다른 나라들의 책값 또한 비싸기로 유명하다. 다른 여러 나라와 비교해도 우리나라의 책값은 비싼 편이 아니다.

우리나라에서 어떤 사람들은 책값이 비싸니 문고판이나 핸드북 등을 많이 만든다면 책값을 저렴하게 할 수 있다는 견해를 가진 사람들도 있다. 일리가 있는 말이긴 하나 단순히 지금의 책값을 낮추는 것이 책 판매를 늘리는 길이라고는 할 수 없을 것 같다. 우리나라 책값은 비싼 수준이 아니지만 독서 인구가 점점 줄어들고 있다. 성인 한 사람을 기준으로 일 년에 대략 9.2권의 책을 본다는 설문 조사로 볼 때 단순히 책값이 조금 하락했다고 해서 새로운 독자층을 끌어들일 수 있다고 보기에는 힘들다. 결론적으로 말하자면 책을 단순히 지출처 중의 하나로 여기는 사람들에게는 책이 아무리 저렴해지더라도 소용이 없다는 말이다.

책 한 권을 다 읽은 후에야 또 책을 사서 읽는 사람들이 대부분이다. 나 역시 예전에는 한 권을 다 읽고 나서야 겨우겨우 다음 책을 사는 독자였다. 한 권씩 사서 봤던 가장 큰 이유는 내 방이 좁아서 책을 둘 공간 확보가 힘들었다는 것이었다. 책을 진짜 좋아하는 사람들은 협소한 공간에서도 책을 이고 지고 산다고 하는데 몇 년 전의 나는 그렇지는 못했다.

하지만 책을 한 권씩 사다 읽으니 문제점이 생겼다. 다 읽고 나서 바로 그다음에 구입하지 않으면 독서의 흐름이 끊긴다는 것이었다. 매일 서점에 들를 수도 없고 배송을 받는다고 해도 당일 배송이 되면 다행이지만 그렇지 못한 경우도 있기 때문이다. 책을 구매해서 봐야겠다고 마음먹은 후로는 다섯 권씩 구매하다가 한꺼번에 열 권씩도 주문하게 되었다. 책이 집에 도착하면 나는 먼저 띠지를 두 조각으로 나눠서 띠지가 없는 책의 책갈피로 하나 나눠 주는 단순하지만 즐거운 작업을 했다. 이 소소한 일이 책을 읽는 재미를 더해 주었다.

나는 앞서서 한꺼번에 70권의 책을 주문해서 받은 날 엄마가 이해하지 못하셨다는 에피소드에 대해 언급했다. 엄마의 우려와는 달리 나는 석 달 동안 딱 92권의 책을 읽음으로써 내가 세운 작은 목표를 이루게 되었다. 당시 내 목표가 3개월 동안 하루에 한 권 읽기여서 부득이 많은 책을 한꺼번에 구입했던 것이다. 물론 그 후에 조금 기진맥진하기는 했지만 이 목표를 이루고 나니 그렇게 뿌듯할 수가 없었다.

책은 쌓아두고 읽으면 보통 자신이 생각했던 것보다 더 읽을 수 있다. 보통 많이 사 두면 오히려 스트레스 받아서 책을 멀리할 것이라고 생각하는 경우가 있는데 적당한 스트레스가 삶에 활력으로 작용하기도 하듯이 적당한 압박으로 인해 읽게 된다. 또한 책이 한구석에 쌓인 모습에서 오는 뿌듯한 느낌도 괜찮다. 쌓아둔 책을 한 권 한 권 읽어나가다 보면 성취감까지 생긴다.

B는 소설을 무척 좋아했다. 그녀는 새 소설이 출간되면 누구보다 먼저 사서 보는 사람이었다. 하루는 내게 이런 말을 했다.

"옷이나 다른 물건들은 사고 나면 후회도 되고 또 적정 금액 이상을 구매하면 쓸데없는 곳에 돈을 너무 많이 쓴 것 같아서 조금 후회가 밀려드는데, 책은 몇 십 권을 사도 전혀 그런 걸 느낄 수가 없다니까요!"

그녀가 책을 그토록 많이 구매할 수 있었던 이유는 바로 책 구매가 후회가 가장 적은 '가치재'라고 생각했기 때문이다. 소비자는 가치가 있다고 생각되는 물건에는 지갑을 활짝 열기 마련이다. 그녀는 상당량의 책을 쌓아 두고 보기 때문에 항상 목표한 기한 내에 모두 보는 것은 아니었다.

하지만 목표 기한 내에 보지 못한다고 해서 자책하거나 스트레스 받지 않았다. 꾸준히 읽고 사색하고 자신만의 즐거움을 찾는 것에 만족했다. 그녀처럼 책을 열 권, 스무 권을 쌓아 두고 읽으려면 사실상 대여는 불가능하다. 도서관에서는 한꺼번에 빌릴 수 있는 권수가 그리 많지 않거니와 반납하는 데도 번거롭기 때문이다.

어렸을 때 한 번쯤 스크루지 이야기를 들어 봤을 것이다. 그 이야기는 자신의 것을 나누고 베풀며 타인과 더불어 사는 삶이 얼마나 가치 있고 보람된지를 알려 준다. 스크루지는 재산은 많지만 그것을 누리는 방법은 전혀 알지 못했다. 인색하게 사는 것이 버릇이 되어서 어느 곳에 가치 있게 돈을 써야 할지를 모르기 때문이다.

책을 구매하는 것도 마찬가지이다. 단순히 쓰고 없어질 물건이나 내 욕망을 채워줄 물건에만 손을 뻗을 줄 알고 책을 구매하는 일에는 조개가 입을 꽉 다물고 있듯이 지갑을 여는 일에 인색해서는 안 된다. 타인의 지식과 생각을 배우지 않고 불필요하게 느끼는 사람들이 더 큰 배움의 기회를 가지지 못한다는 것을 예측하는 것은 그리 어려운 일이 아닐 것이다.

저자에게 끊임없이
묻고 또 묻자

한정주 작가의『조선 지식인의 독서 노트』에는 율곡 이이의『격몽요결』에 등장하는 한 구절로 독서하는 사람의 태도에 대해 조언한다.

"독서하는 사람은 반드시 단정하게 손을 모으고 무릎을 꿇고 앉아 공경하는 마음으로 책을 대해야 한다. 마음을 한곳으로 집중하고 뜻을 다해 정확하고 세밀하게 사고하고, 익숙해지도록 읽고, 깊게 생각해야 한다. 이렇게 하여 글과 문장이 담고 있는 의미를 이해하고 구절마다 반드시 실천할 방법을 찾아야 한다. 단지 입으로만 읽고 마음속으로 얻지 못하고 몸으로 실행하지 않는다면 책은 책일 뿐이고 나는 나일 뿐이다. 이렇다면 무슨 이로움과 유익함이 있겠는가?"

누구보다 열심히 책을 읽고는 있지만 늘 책과 동떨어진 습관으로 살아가고 생각하는 것은 읽지 않은 것만 못하다. 그래서 늘 경건한 마

음으로 책을 대하라는 선현의 가르침은 책이 내가 되고 내가 책이 될
수 있도록 깊게 읽으라는 뜻이다.

　이렇게 읽기 위해 필요한 것이 바로 스스로에게 질문하는 습관이다.
살아가면서 남에게 질문을 하는 경우는 많지만 자신에게 질문을 던지
는 경우는 거의 없을 것이다. 그래서 남에게 질문하는 것은 익숙하지
만 자신에게 질문하는 것은 어딘가 좀 낯선 느낌이 들기도 한다. 하지
만 세계 최고의 석학들은 늘 자신에게 질문하는 것을 즐긴다. 무엇이
옳은 일인지 판단이 서지 않거나 새로운 아이디어 창출을 위해서 그
들은 항상 제일 먼저 자기 자신에게 질문한다.

　『최고의 석학들은 어떤 질문을 할까』에 보면 가장 먼저 하는 질문
은 바로 "지금 왜 이걸 하고 있지?"이다.

　책을 읽을 때도 이 질문이 필요하다. "지금 이걸 왜 읽고 있지?" 무
턱대고 읽기보다는 이 책을 왜 고르게 되었고 무엇에 이끌렸는지를
잠시나마 생각하며 읽는다면 그저 습관적으로 독서하는 것에서 벗어
날 수 있다. 읽는 목적을 한번 더 생각해 보는 것만으로도 책과 나에
대한 관심을 지속시킬 수 있고 더 깊이 집중할 수 있게 되는 것이다.

　책 읽기는 자기에게 질문하기에서 한 발 더 나아가야 한다. 바로
"저자는 왜 이렇게 생각했을까?"라고 질문해 보는 것이다. 그것은 책
이 원래 저자의 손을 거쳐 독자에게 가기 때문이다. 다른 사람이 쓴
글을 질문 없이 본다는 것은 생각하지 않고 본다는 의미와 별반 다르

지 않다. 이 글을 쓴 사람은 왜 이런 생각을 했는지, 어떻게 이런 아이디어를 생각해 내게 된 것인지에 대해 한 번쯤 질문을 던지며 읽는다면 독자가 아니라 저자의 입장에서 글을 볼 수 있게 된다.

질문하는 것이 중요한 이유는 바로 스스로 새로운 생각을 창출하고 그것을 흡수하기 위함이다. 물론 이렇게 되기 위해서는 자신이 가지고 있는 생각을 먼저 비워 내는 연습이 수반되어야 할 것이다. 자기만 옳다고 생각하는 사람들은 다른 사람의 의견을 쉽게 수용하지 못할 뿐더러 수용하지 못했기에 할 수 있는 질문도 없다.

늘 자신이 틀리지 않았음을 증명하기에 급급한 사람들은 상대하기에도 쉽지 않다. 저자가 무조건 틀렸다고 하기보다는 읽고 있는 책을 근거로 자신이 기존에 하고 있던 생각을 조금 바꾸어 상상해 보고 관점을 전환하려는 노력만으로도 한발 뒤로 물러서서 더욱 객관적으로 책을 평가하고 독서할 수 있게 된다. 질문은 단순히 묻고 답한다는 것 이상의 의미를 내포한다. 질문한다는 자체가 책과의 대화를 이어 가는 방법이기 때문이다.

자신이 독자로서 질문을 던지고 또 저자로서 답해 보거나, 그 반대로 내가 지지기 되었다고 가정하고 책을 읽은 독자에게 어떤 질문을 던질 수 있을까도 생각해 보면서 답을 해 본다면 훨씬 깊게 책을 읽을 수 있을 뿐만 아니라 저자의 생각과 의도도 더 깊이 파악할 수 있을 것이다.

우리는 때때로 성공하고 싶은 마음은 감추고 주변에서 크게 성공한 사람들에 대한 색안경을 끼고 그들을 향해 비난을 던지고는 한다. 원래부터 금수저, 은수저를 물고 태어난 사람들에 대한 부정적인 관점이 저변에 깔려 있다. 최근에는 그들의 갑질 행각이 연일 뉴스에 보도된 탓에 성공한 사람에 대한 오해가 한층 더 커졌다. 그러나 정정당당하게 성공한 사람들이 실제로 우리 주변에 많이 있고 또 결정적으로 우리는 모두 성공하고 싶다. 패배자로 근근이 살아가고 싶지는 않다. 그렇다면 좀 더 건강하고 당당하게 성공하는 방법을 배울 필요가 있는 것이 아닐까.

성공하고 싶다면 자신이 닮고 싶은 사람을 벤치마킹해야 한다. 닮고 싶은 사람은 이미 자신의 꿈을 이룬 사람이다. 이런 사람에게는 보통 사람들에게서는 엿볼 수 없는 특별함이 있다. 바로 꿈으로 가는 가장 빠른 길을 알고 있다는 것이다. 무작정 맨땅에 헤딩하듯이 꿈을 향해 질주하기보다 그들에게 조언을 구하는 것이 시간과 에너지 낭비를 줄이는 현명한 방법이다. 미래는 진짜 공부를 하는 사람의 것이다. 진짜 공부란 다양한 분야의 책을 읽고 자신이 꿈꾸는 분야의 성공한 사람들에게 배우는 것이다.

첫째, 전문가를 만나라.
자신이 꿈꾸고 있는 분야에서 성공한 사람들이 바로 전문가다. 그들이 쓴 책을 읽고 궁금한 사항을 메일을 통해 물어보라.

둘째, 성공담이 적혀 있는 책을 읽어라.

성공한 사람에게는 반드시 성공 비결이 있게 마련이다. 그들을 직접 만나거나 조언을 구할 수 없을 때 책을 통해 배워라.

성공은 꿈을 향한 끊임없는 실행의 반복을 통해 이루어진다. 수백 번, 수천 번 실행을 반복하는 가운데 혹독하게 깨지면서 조금씩 방법을 깨달아가게 된다. 따라서 반복적인 실행이 뒷받침되지 않는다면 롤모델의 현명한 조언도 효과를 발휘하지 못한다. 찰스 디킨스의 성공 비결을 기억하라.

"만일 내게 시간 엄수, 질서, 근면의 습관이 없었다면 그리고 한 번에 한 가지 주제에 집중하는 결단력이 없었다면 나는 내가 성취한 모든 것을 결코 이루어 낼 수 없었을 것이다."

매일 술을 마시면 알코올 중독자가, 매일 도박을 하면 도박 중독자가 된다. 그 사람의 미래는 그가 매일 무엇을 하고 있느냐에 달려 있다는 말이다. 그렇다면 매일 질문을 던지는 사람은 어떻게 될까? 자기 자신을 탐구하는 사람이야말로 자신을 어떻게 사랑해야 할지 제대로 아는 사람이며 자신이 나아갈 바를 스스로 정할 수 있는 사람이 될 수 있다.

우리는 꿈이 실현될 때까지 끊임없이 실행하고 실수하고 다시 도전하기를 반복하게 될 것이다. 그래서 스스로에 대한 고정관념을 깨고 좀 더 유연해져야 할 필요가 있다. 평범한 내가 좀 더 나은 내가 되어가는 과정은 질문이 함께할 때 가능하다. 어떤 질문으로 나의 삶을 변화시키고 싶은지, 진정으로 자신이 누구인지, 진실하게 산다는 것은 무엇인지, 내가 생각하는 진실한 삶이란 무엇인지를 끊임없이 성찰해야 한다. 그래서 책 속 저자에게 묻는다는 것은 결국 자신에게 질문하는 것이다. 스스로 가치관을 점검하고 무엇이 소중하고 어떤 사람으로 남고 싶은지를 생각하며 책을 대할 때 우리는 좀 더 겸손한 마음으로 자신의 꿈과 삶을 좀 더 진지하게 대할 수 있을 것이다.

목표를 상상하고
적고 말하라

적고 말하는 것은 일상생활에서도 무의식에 크게 작용한다. 『설득의 심리학』의 저자 로버트 치알디니는 영국의 한 실험을 설명해 주었다.

병원 외래환자들에게 다음 번 진료 예약 시간을 직접 쓰도록 하면 예약 시간에 병원에 나타날 확률이 18%나 높아졌다는 것이다. 이것이 단순히 약속 시간을 잘 지키게 하기 위해서 병원에서 노력한 결과일까? 그렇지 않다. 환자 자신이 직접 기입하는 아이디어는 병원이 냈겠지만 고객이 직접 쓴다는 깃 자체가 고객의 온몸을 깨워 지각히는 행위이다. 자신의 뇌와 마음에 새겨 넣고 그것이 이루어질 수 있는 쪽으로 행동하게 되는 것이다.

꿈이 있는 사람은 무엇보다도 확실하게 자신의 꿈을 공고히 할 필요가 있다. 그래야 흔들리지 않고 소신껏 꿈을 향한 여정을 이어 갈 수 있기 때문이다. 많은 사람들이 모호한 목표와 꿈으로 자신이 가고자 하는 길을 모색하는 데 실패했다. 하지만 목표와 꿈을 달성하기 위해서 어떤 사람은 구체적으로 종이에 적고 상상의 힘을 이용해서 자신의 미래를 이루어진 것처럼 살았다. 그리고 실제로 그것을 현실에서 이루어낼 수 있었다.

만화 '딜버트'를 창조해 전 세계적으로 사랑받고 있는 스콧 애덤스는 한때 낮은 임금을 받는 공장의 말단 직원이었다. 그는 열심히 일하는 직원이긴 했지만 다른 직원들과는 남다른 습관이 하나 있었다. 바로 자신의 사무실 책상에 낙서하는 습관이었다.

그가 어제도 오늘도 끊임없이 써 내려갔던 글귀는 "나는 신문에 만화를 연재하는 유명한 만화가가 될 것이다."였다. 그는 이 문장을 하루에 열다섯 번씩 써 내려갔다. 그때까지 그의 만화는 수많은 신문사로부터 계속 거절당하고 있었지만 애덤스는 포기하지 않았다. 그는 자신이 정한 인생의 목표와 목적지가 분명한 사람이었다. 그래서 수백 번 퇴짜를 맞았어도 굴하지 않았다.

실망하지 않고 꾸준히 신문사를 노크하던 그는 마침내 한 신문사와 만화 연재 계약을 맺게 되었다. 자신의 첫 번째 꿈을 이룬 것이다. 그러자 그는 지금껏 썼던 문구를 "나는 세계 최고의 만화가가 되겠다."라고 고쳐 썼다. 그리고 하루에 열다섯 번씩 그 문구를 쓰기 시작했다. 그의 두 번째 꿈은 이루어졌을까?

딜버트 만화는 〈유나이트 피처 신디케이트United Feature Syndicate〉를 통해 전 세계 65개국의 25개 언어로 2천여 개의 신문들에 연재되고 있다. 웹사이트인 '딜버트 존'의 하루 평균 방문자 수는 10만 명에 달한다. 이제 세계 어디를 가도 딜버트 캐릭터로 장식되어 있는 커피잔, 컴퓨터 마우스 패드, 탁상 다이어리와 달력들을 볼 수 있다. 1997년 국가만화가협회의 뢰벤상과 신문 만화상을 수상한 애덤스는 이제 하루에 열다섯 번씩 이런 말을 적고 있다.

"나는 퓰리처상을 받을 것이다."

말단 직원으로 일하는 사람은 그뿐만이 아니었을 것이다. 그 회사에서 일에 열심히 매달리는 사람도 딜버트 한 사람은 아니었을 것이다. 하지만 결정적으로 다른 직원들과 딜버트의 오늘을 다르게 만들었던 것은 바로 '인생의 목표를 설정하고 어디에 의미를 두었느냐?'였다. 딜버트는 자신의 인생에 만화라는 의미 있는 동반자를 찾아내서 그것을 꿈으로 삼고 한 계단, 한 계단 천천히 올라가기 시작했다.

일과 만화 그리는 것을 병행하는 것이 무척이나 고단했고 또 포기하고 싶은 순간도 있었다. 수백 번의 퇴짜를 맞았을 때는 큰 죄절감에 실망스럽기도 했다. 하지만 그는 설정한 목표가 요원하여 눈에 보이지 않아도 눈에 보이는 것처럼 상상하고 그 상상 속에서 자신의 성공을 이미 실현한 사람처럼 살았다. 그리고 실제로 현실에서도 성공했다.

내가 알고 있는 사람들 가운데 성공한 사람 중에는 처음부터 부잣집에서 태어나 온실 속의 화초 같은 보호를 받고 자란 사람은 거의 없다. 책에서도 이런 자수성가형 사람들을 많이 만날 수 있다. 이들은 모두 자신을 믿고 꿈을 찾아 그 꿈에 목숨 걸었기에 지금 성공한 사람이 되어 남들의 부러움을 사고 있다. 이 꿈에 목숨 걸 수 있었던 것 역시 자주 시각화하고 상상했기 때문에 가능한 일이었다.

『김밥 파는 CEO』의 저자 김승호 씨는 상상의 힘을 굳건히 믿는 사람이다. 그는 지금의 아내와 결혼할 수 있었고 미국에서 남들이 불가능하다고 생각하는 비즈니스를 훌륭히 성공시킨 근원은 모두 상상에서 나왔다고 믿고 있다. 그는 수첩에 자신이 이룰 재무적인 목표와 꿈을 적어서 가지고 다니기로 유명하다.

핸리에트 앤 클라우저는 『종이 위의 기적, 쓰면 이루어진다』에서 "목표를 적는 행위는 무척 과학적인 면을 지니고 있다. 목표를 종이에 기록하는 것은 두뇌의 일부분인 망상 활성화 시스템을 자극하고 뇌의 그 특별한 시스템이 당신을 도와 목표를 이루게 하기 때문이다."라고 말했다.

목표를 적는 것은 망상 활성화 시스템을 통해서 잠재의식에 적은 내용을 각인시키는 효과를 준다. 그러면 두뇌는 그 목표와 관련된 것들에 민감하게 반응하면서 이 신호들을 인식하기 시작하는 것이다.

대기업 해외 영업팀에 입사해서 자신의 능력을 펼칠 기회를 얻고

자 했던 L 씨는 일전에 그녀가 꿈꾸던 대기업에 당당히 입사했다. 그녀는 평소에 원하는 일에는 무엇이든 도전하는 성격이다. 지방대 영문학과를 졸업한 그녀는 해외 영업팀에서 수출입 관련 업무를 맡고 있다. 요즘은 매일 책상에 수십 장씩 쌓이는 서류를 보며 회사의 성장을 온몸으로 느끼고 있다. 일의 강도는 세지만 만족스럽다.

그녀는 다들 하나쯤 갖고 있다는 컴퓨터 자격증도 없고 외국에 어학연수도 다녀오지 않았다. 그렇다면 그녀의 합격 비결은 무엇일까?

"학점이 좋은 사람이라기보다는 내가 갖춘 능력을 보여 주고 싶었어요. 무엇보다 매일 꾸준히 나 자신이 합격하는 상상과 함께 반드시 합격한다는 말을 하루에도 수백 번씩 주문처럼 외웠어요."

그녀는 입사 전 우연히 서점에 갔다가 긍정에 관한 책을 접하게 된 것이 오늘의 입사 성공 비결이라고 말했다. 속는 셈 치고 그 책에서 본 것처럼 매일 10분가량 자신이 입사에 성공하는 상상과 함께 긍정의 입버릇으로 원하는 바를 성취할 수 있었다.

『파리에선 그대가 꽃이다』라는 책에서 손미나 씨는 세계적으로 유명한 소설가 베르나르 베르베르와의 인터뷰 내용을 실었다. 당신의 소설을 읽는 독자들에게 바라는 것이 무엇이냐는 손미나 씨의 질문에 베르나르 베르베르는 이렇게 답한다.

"어느 나라 어느 환경에서, 어느 부모 아래 어떤 능력을 갖춘 사람으로 태어난 것은 그다지 중요하지 않아요. 삶에서 원하는 것을 얻느냐 아니냐는 모두 상상력에 달렸죠. 저는 상상력이 세상을 바꾸고, 개인의 상상력이 인류의 역사를 움직인다고 확신합니다."

꿈이 있다면 구체적으로 그려 보자. 글로 표현하고, 내 꿈이 담긴 책을 읽고 상상에 빠지자. 그 책 속 내용을 눈앞에 그려 보자. 그리고 쓴 내용과 상상했던 바를 모두 입 밖으로 소리 내어 선포하면서 내 귀가 듣게 하자. 생생하게 상상하면서 내 온몸이 느끼게 하자. 그것은 분명 이루어진다. 우리 뇌가 그것을 인지하고 내 마음이 그것을 자각하고 있기 때문이다. 그야말로 자신의 온몸이 그 꿈을 위해 노력할 준비를 하는 것이다. 내가 아는 한 이것보다 더 확실하게 꿈을 위해 치열해지고 가슴 뜨거워지는 방법은 없다.

지금 당장 펜을 들어 적어 보는 것으로 미래를 당신의 것으로 만들자.

읽고 감명을 받았다면
저자를 만나라

　지금 우리는 곳곳에서 '불통'을 겪고 있다. 말 그대로 대화가 통하지 않는 것이다. 세대 간의 격차는 날로 커지고 있고, 부자와 빈자 사이의 경제적, 문화적 차이도 점점 그 공백을 메우기가 힘들 정도다. 그뿐만 아니라 가정 안에서도 부모와 자식 간에 소통이 원활하지 않다. 서로 통하는 게 없으니 말을 아예 하지 않거나 서로 자기만의 주장을 내세운다. 그러면서도 이해 받기를 원하니 조금은 아이러니하다. 불통의 시대에 온 세상이 시끄러운 것은 당연하다.

　책을 읽는 것 역시 잘못하면 불통이 될 수도 있다. 한 권의 책이 내 손에 들렸다는 의미는 그 책의 저자와 끊임없이 이야기를 주고받고 있다는 뜻이다. 즉 '지금 나는 소통 중이다.'라고 할 수 있다. 하지만 일방적으로 저자의 생각을 무조건 받아들이고만 있거나 자신의 아집으로 인해 자기의 견해와 맞는 책만 본다면 아무리 읽어도 불통을 겪고 있는 셈이다.

　가끔 자기 계발서 서적을 우습게 보는 사람을 만나고는 한다. 예전의 내가 그랬듯이 고전이나 소설 아니면 가벼운 책으로 보는 것이다. 하지만 고전과 소설 속에서 사람을 이해하는 방법을 배우고 터득했다면 다른 사람의 취향이나 책 선택 방식을 인정할 줄 알아야 한다.

　우리는 생각을 열어 주기 위해서 독서해야 한다. 처음에는 편식처럼 한 분야나 한 저자의 글만 읽는 것을 좋아했더라도 독서가 습관으로 자리 잡을 때쯤에는 다른 저자가 쓴 비슷한 주제의 책도 읽어 봐야 하고 좀처럼 손이 잘 잡히지 않는 책도 읽어 보면서 자신과 다른 생각을 하는 사람들을 만나야 새로운 생각을 열 수 있다.

　자기의 의견과 일치하는 책만 읽는 것도 그다지 좋은 방법은 아니다. 글을 읽는다는 것은 그 사람의 경험과 철학 가치관 등을 확인하는 것이다. 세상에는 70억 인구가 있고 그 속에 작가라 불리는 사람도 상당히 많다. 그런데 자신의 입맛에 맞는 작가의 작품만 본다는 것은 일부의 사람들과만 소통하겠다는 말과 다를 바 없다.

　세상은 끊임없이 변하고 가지각색의 다양한 생각을 하는 사람들이 어울려 살아가고 있기에 조금씩 다른 사람들의 경험과 철학, 지식을 접하는 것이 내 생각을 다른 방향으로도 확장하고 다른 시각으로 세상을 볼 기회를 나 스스로에게 제공하는 것이다.

생각이 확장되는 데에는 두 가지 방법이 있다. 개인적으로 쌓을 수 있는 경험과 인간관계가 그것이다. 특히 책을 통한 간접경험은 현실과 끊임없이 대화하고 자신에게 맞는 것을 찾아간다는 의미이다. 필요한 기술 습득에 관한 책을 읽었다면 시도해 본다거나 독서에 관한 책을 읽었다면 그대로 시행해 봄으로써 자신의 스타일과 맞는지 점검해 본다면 읽은 것들이 삶 속에 들어왔을 때에야 비로소 자신의 것으로 확장될 수 있다는 가능성을 느낄 수 있을 것이다.

두 번째 방법은 사람에게서 배우는 것이다. 가장 빠르고 또 오해를 줄이는 길이다. 자기 미래를 위한 독서는 좀 치열해야 할 필요가 있다. 그래서 어떤 책을 읽고 감명 받았거나 저자를 만나고 싶은 생각이 들었다면 인생 공부를 한다고 생각하고 저자를 만나 보자.

TV를 켜면 하루 종일 많은 연예인들을 볼 수 있다. 어떨 때는 관심 없는 연예인이지만 한 번쯤 보고 싶은 생각도 든다. '정말 화면과 똑같이 생겼을까?'라며 궁금하기도 하다. 실제로 많은 사람들이 연예인을 한 번쯤 보러 가기도 한다. 특히 가수들은 각종 공연과 콘서트, 각 방송국의 음악 프로그램으로 접할 기회가 많기 때문에 그들을 만나려는 사람들로 각 공연장과 방송국 앞이 늘 북적인다.

저자를 만나는 것도 부담 가질 필요 없이 가볍게 생각하면 된다. 나를 일깨워 준 책, 혹은 내게 동기부여가 되어 주었던 책 등 도움이 된 책을 읽었다면 그 책의 저자를 만나서 읽었을 때의 그 감정을 증폭시키고, 자신의 꿈을 더 크게 키우는 방법으로 저자를 만난다고 생각한다면 저자가 먼 나라 사람이 될 일은 없을 것이다.

최근에는 많은 저자들이 강연회를 열고 있으며 독자에게 적극적으로 자신의 생각과 철학을 직접 전하는 일을 마다하지 않고 있다. 저자 강연회의 특징은 책 속의 내용을 약 한 시간 정도로 압축해서 말해줄 뿐만 아니라 저자의 다른 모습을 볼 수 있다는 점이다. 보통 기껏해야 책 속에 있는 저자의 이미지 사진이나 프로필 정도의 것으로밖에 저자를 판단할 수 없다. 물론 읽은 책 한 권에서 저자를 충분히 만나겠지만 아무래도 사람을 직접 만나 이야기를 들어 보고 직접 문의하는 시간을 갖는 것이 상호작용을 크게 만들어 준다. 여기서 저자 또한 우리가 같은 사람임을 느끼며 소통하면 거리감이 좁혀진다. 강연회에서는 자기가 상상했던 저자의 모습이 아니라 한 인간으로서의 저자를 만나게 되는 것이다.

그런데 저자 강연회에 와서 저자의 얼굴 한 번 보고 그 사람이 말하는 내용을 귀담아 듣지 않고 그냥 자리에서 사라지는 사람들이 종종 있다. 강연회까지는 왔지만 강연에서 아무것도 건지지 못한 사람이다. 이런 사람들 중에는 책을 읽지 않고 온 사람들이 많다. 책 읽을 시간이 없다는 사람들이 많다 보니 저자 강연회만 참석하는 경우도 적지 않기 때문이다. 하지만 책을 읽지 않으면 강연이 마음에 와 닿을 리가 없다. 반면에 어떤 사람들은 강연 후에 적극적으로 묻고 답하면서 저자와의 소통을 시도한다. 이런 사람들에게는 저자 역시 더욱 성의를 다해 답변해 주고 자신의 답변이 부족하다 싶으면 따로 이메일을 보내 주는 등 적극적인 도움을 주려 한다. 서로에게 정성을 다하는 관계는 새로운 만남의 시작이 되는 법이다.

작가는 나와 동떨어진 세계에 사는 사람이 아니다. 다만 그들의 머릿속에 있는 것들을 꺼내서 타인과 공유하기를 원하는, 달리 생각하면 다른 사람보다 좀 더 소통에 목말라 있어서 책을 펴냈을 뿐이다. 그러니 부담 갖지 말고 저자를 만나자.

특히 꿈이 있는 사람들이라면 더욱 작가를 만나봐야 한다. 자신의 꿈과 관련된 책을 먼저 읽고 나서 마음에 와 닿았던 저자를 선정한 후 그 사람의 강연회에 열심히 참여하면 된다. 자신의 꿈을 먼저 이룬 사람과 눈을 마주치고 질문하고 대화를 한다는 것은 생각만으로도 가슴 뛰는 일이다.

저자를 만날 시간이 없거나 아직 용기가 나지 않는다면 소통이 좀 더 쉬운 이메일을 보내 보자. 사실 이메일의 경우도 항상 보내오는 독자들만 보낼 뿐 여태껏 시도하지 않은 사람들은 이러저러한 걱정으로 보내지 못하고는 한다. 저자가 답장을 해 주지 않을까 봐, 자신의 의문점이 과연 질문할 만한 것인가를 생각하다가 문의를 포기하는 것이다. 하지만 이런 것에 신경 쓰지 말고 궁금한 점을 글로 써 보며 의문점을 다시 생각하고 정리하는 과정을 즐기는 데 중점을 두면 되는 것이다.

어려워하지 말고 저자와의 소통을 즐기자. 이 소통의 문을 열어 보느냐 그냥 두느냐는 결국 독자의 선택인 것이다.

5 장

지금 읽고 있는 책이
나의 미래다

지금 읽고 있는 책이
나의 미래다

많은 사람이 어떤 계기로 인해서 미래를 바꾸었다. 그 계기 중에 책이 가장 많은 비중을 차지한다. 그들은 어려운 시절 책을 통해 꿈과 용기를 가질 수 있었다.

미국의 제44대 대통령 버락 오바마도 마찬가지다. 흑백 혼혈인 오바마는 피부색이 달라서 대학 생활 중에도 여전히 흑인으로서의 정체성을 고민했다. 그러던 어느 날 그는 뉴욕에 있는 컬럼비아 대학에서 편입생을 모집한다는 소식을 듣게 되었다. 고민 끝에 그는 2년간 다니던 옥시덴탈 대학을 떠나기로 했다. 그는 컬럼비아 대학으로 편입해 뉴욕에서 새로운 삶을 시작했다.

"나 자신을 뭔가 쓸모 있는 사람으로 바꾸고 싶어서……." 그야말로 수도승처럼 공부했다고 고백하는 그는 그때부터 사람들에게 자신을 "배리"가 아닌 "버락"이라고 당당하게 소개했다. 아랍어로 버락은

'신에게 축복받은'이라는 뜻을 담고 있다. 그는 자신의 뿌리를 이렇게 정하고 흑인으로서의 정체성에 눈을 뜬 것이다.

또한 늘 술에 찌든 노숙자들과 빈민가 사람들을 보면서 자신이 사회의 일원으로서 무엇을 해야 할지 진지하게 고민해 나가기 시작했다. 그러자 자신이 봐 왔던 가난하고 소외된 사람들을 위해 살아야겠다는 인생의 목적이 분명해졌다. 그는 더욱 최선을 다해 공부했다. 일분일초를 아껴 가며 닥치는 대로 책을 읽었다. 독일 철학자 니체와 인도의 간디에 관한 책과 불평등에 관한 책, 자기 분야에서 성공한 사람들이 쓴 책을 수없이 읽으며 다른 사람들의 지식과 사상 그리고 경험을 흡수했으며 타인을 이해하는 눈을 뜨도록 도와주었다. 방대한 독서량과 그의 지식은 그에게 정치가라는 타이틀뿐만 아니라 '최고의 연설가'라는 별칭도 얻게 도와주었다.

오바마에게 책은 그에게 어떤 사람으로 살아야 할지에 대해 길라잡이 역할을 해 주었다. 그는 성공한 사람들의 이야기가 담긴 책들을 통해 자신도 할 수 있다는 용기를 가질 수 있었다. 무엇보다 그들을 통해 어떻게 사는 것이 가치 있는 인생인지 깨닫게 되었다.

고故 구본준 기자는 처음에는 책을 많이 읽었던 사람은 아니었다. 여느 직장인과 다를 바 없이 늘 바빴다. 하지만 서른 즈음에 한 살이라도 더 젊을 때 머리에 기름이라도 칠해 놓아야겠다는 반 의무적인 생각으로 책을 읽게 되었다. 그리고 우연히 읽은 두 권의 책으로 책 읽기에 대해 흥미를 붙이게 되었다.

그에게 책은 기자라는 직업을 가진 자신 이외의 그 스스로를 돌아보게 하고, 삶을 제대로 바라보게 하는 계기가 되었다. 그 후에 책 소개를 하는 업무를 하면서 즐거움을 느끼고 있을 때쯤 마침내 그 자신이 작가가 되어서『한국의 글쟁이들』,『서른 살 직장인, 책 읽기를 배우다』등 여러 권의 책을 펴내게 되었다. 누가 시킨 것이 아니라 스스로의 의지로 책을 고르고 읽게 된 것으로 인해 책에 푹 빠지면서 모든 것이 바뀌었다고 할 만큼 인생의 전환점을 맞게 된 것이다.

한 청년이 공부와 배움에 무미건조함을 느끼며 힘 빠진 생활을 몇 달째 이어 나갔다. 그때 그 청년과 친한 한 친구가 이런 말을 했다. "너 요새 뭔가 우울해 보여. 뭔 일 있어? 별일 없는데도 괜히 그런 거면 집중할 수 있는 뭔가를 해봐. 책이라도 좀 보던지." 그냥 흘려들을 수도 있었지만 그때부터 '책'이라는 한 단어가 갑자기 그의 귓가에 맴돌기 시작했다.

책에 푹 빠져서 자기도 모르게 좋아하고 눈물 흘리고 감격하고 때로는 분노하는 동안 자신이 어떻게 하면 책 속에서 얻은 느낌과 배운 가치를 삶 속에 반영할 수 있을지 생각하는 시간을 가지게 되었고 어떻게 살아가는 것이 의미 있는 인생을 살아가는 것인가에 대해서도 고민하는 시간을 가지게 되었다. 지금은 자신을 울고 웃기며 깨달음을 주었던 책들을 다시 읽으며 스스로의 가치관 정립을 위해 뒤늦게나마 애쓰는 중이다.

현재 모든 사람이 이름만 대면 다 알 만큼 유명해진 사람이든 아니면 묵묵히 자신의 꿈을 향해 가고 있던 사람이든 책으로 인생이 바뀌고 있는 경험을 한 사람을 우리 주변에서 이렇게 찾아볼 수 있다.

모든 것이 그렇겠지만 독서 역시 한 살이라도 어릴 때 시작하면 머리에 흡수되는 것도 훨씬 수월하다. 아직 정립되지 않은 자신의 정체성과 인생의 방향에 대해 더 다양한 시각을 접할 수 있고 또 시도해 볼 기회가 많기 때문이다. 세월을 버는 방법은 독서의 때에도 해당하는 것이다. 그런데도 아직 책을 읽는 것이 힘들다고 느껴진다면 『책, 열 권을 동시에 읽어라』의 저자 나루케 마코토의 충고를 들어 보자.

"그래도 당신이 사회 초년생이라면 아직 시간은 있다. 회사라는 조직 시스템에 얽매여 다람쥐 쳇바퀴 도는 인생을 살게 되기 전 자신이 앞으로 어떻게 살아가야 할 것인지 진지하게 고민해 보라. 평생 '실속 없는 일개미'로 살아갈 것인가, 아니면 '지혜로운 베짱이'로 변화할 것인가. '세상 사람들 모두 그렇게 살아가는데 나라고 별수 있겠느냐.'는 부정적인 생각은 버려라. 그런 생각을 하는 이유는 눈앞의 세상밖에 보지 못하기 때문이다. 책을 읽지 않으면 지금의 삶에 얽매이게 되고 밀리 내다볼 수도 없게 된다."

눈앞의 세상은 편하다. 남들에게 비난받을 필요 없고 남들의 평가를 받을 필요도 없다. 그들과 잘 섞여 있으면 모든 것이 안정되고 평온한 것만 같다. 하지만 미래는 그렇게 호락호락하지 않다. 변화무쌍

하고 예측이 어렵다. 그래서 더더욱 지식이 필요하다. 심층적인 지식과 능력을 키우고 그것을 운용할 수 있어야 미래를 준비할 수 있다.

지식은 운명을 바꾸고 책은 미래를 완성한다는 말이 있다. 미래를 위한 지식을 준비하는 사람에게 꼭 필요한 것이 바로 지식과 정보다. 하지만 더 중요한 것은 바로 유연한 사고가 가능하냐는 것이다. 사람은 혼자서는 절대로 유연해질 수 없다. 그래서 타인과 교류하고 남들의 생각을 받아들임으로써 이 유연함을 이끌어 내야 한다. 타인을 이해하고 수용하는 자세를 기르기 위해 노력한다면 자신에게 축적된 지식과 경험을 유연성 있게 활용하는 방법 역시 배우게 될 것이다.

책 쓰기를 목표로
책을 읽어라

독서력이 좀 된다 하는 사람의 최종 목표는 바로 책 쓰기다. 자신의 이름이 새겨진 책 한 권 가져 보는 것이 소원인 사람들을 자주 만날 수 있다. 하지만 책 쓰기에 선뜻 도전하는 사람은 많지 않다. 그들에게는 충분한 지식과 경험이 있는데도 말이다. 책 쓰기에 도전하지 않는 이유는 저자를 특별한 사람으로 생각하기 때문이다. 자신이 가 보지 않은 길을 가는 사람들이 특별해 보일 수도 있다. 남들의 놀라움을 자아낼 정도로 많은 책을 읽은 사람들도 책은 다른 사람이나 쓰는 것으로 생각하고 자신은 창의성은 없다고 말한다. 그런데 이는 지나친 겸손이다. 아니 겸손한 정도를 넘어서서 자신을 무시하는 태도다. 책 쓰기는 누구나 도전할 수 있는 가치 있는 일이다.

책을 쓰는 데 있어서 어느 정도의 독서량은 충분히 있어야 한다. 쓰다 보면 머릿속에서 나오는 생각은 모두 읽었던 책을 기반으로 할 때가 많기 때문이다. 읽었던 책들과 나눴던 대화, 내 생각들이 평소의 감정이나 경험과 어우러져 있을 때 온통 하얀 종이뿐인 A4용지를 채우기가 조금 더 수월한 면은 있다. 하지만 평소에 관심 있는 분야가 있거나 한 가지 일을 오랫동안 해 왔다면 자신의 경험을 토대로 다른 사례들을 수집하여 잘 버무리면 비빔밥처럼 잘 비벼진 책 쓰기를 할 수 있다.

책에는 한 사람의 인생이 담긴다. 즉 그 사람 자체가 한 권의 책이다. 어떤 사람은 맛있다고 하는 것을 나는 좋아하지 않을 수도 있고, 내가 예쁘다고 하는 것을 다른 사람은 평범하다고 생각할 수도 있다. 이렇듯 사람들은 같은 경험을 했더라도 다르게 느끼고, 같은 것을 보더라도 다르게 말한다.

같은 일을 경험했더라도 서로 다른 생각과 배경 속에서 자라 왔고 살았기 때문에 결코 같은 인생이란 있을 수 없다. 다른 인생을 꾸려 왔는데 다른 책이 나오는 것은 당연하다. 그러니 자신이 아직 만족하는 수준까지 책을 독파하지 못했다고 해서 책을 쓰지 못할 이유는 없다고 본다. 나는 책을 쓰는 이유를 세 가지 정도로 꼽고 싶다.

첫째는 책 쓰기를 통해서 자신의 모든 것을 정리하고 돌아보게 된다는 것이다. 좋았던 일뿐만 아니라 나빴던 일, 억울했던 일 등 모든 과거를 한데 정리하여 그동안 만났던 사람이나 산전수전 겪으면서 극복했던 일들을 모두 자기 생각과 접목할 수 있다. 이 과정에서 책을 쓰는 사람은 더욱 깊은 내면 속의 자신을 만날 수 있다. 이는 자기 자신을 이해하게 할 뿐만 아니라 자존감을 빠르게 높여 주기도 한다.

두 번째로 사회에 공헌하는 길이다. 보통 자기가 아는 것은 시시하고 남들도 다 알 것이라고 생각하고 하찮게 여기지만 절대 그렇지 않다. 내 개인적인 경험이 필요한 누군가가 이 세상에는 반드시 존재하기 마련이다. 책을 펴내면 자신의 지식과 경험을 공유할 수 있고 내 개인적 경험이 필요한 누군가를 도울 수 있다. 타인을 돕는 것은 사람이 가장 큰 기쁨을 느끼는 일이며 동시에 큰 보람을 느낄 수 있는 일이기도 하다.

세 번째로 좋은 점은 바로 자기 계발의 가장 큰 수단이라는 것이다. 우리는 가끔 '왜 시간과 돈을 들여 이것저것 배우고 자기 계발을 하는데도 성과가 크지 않은 걸까?'하고 의문을 품을 때가 있다. 그것은 다음 두 가지를 염두에 두지 않았기 때문이다.

첫째, 절박한 마음으로 인해야 한다는 것
둘째, 자신의 개인 브랜딩이나 업무에 도움이 되어야 한다는 것

만일 이 두 가지를 충족시키지 못한다면 아무리 많은 시간을 자기 계발에 활용해도 고급 취미를 즐긴 것 이상의 성과는 기대할 수 없다.

책 쓰기는 이 두 가지 요소를 한꺼번에 실현할 수 있다.

먼저 책을 쓰기 시작하면 더욱 절박하게 책과 신문 등을 탐독하게 된다. 사례를 찾아야 하고 자기의 생각과 일치되는 이야기들을 발굴하고 정리해야 하기 때문이다. 기본적으로 인풋이 있어야 아웃풋이 나오기 때문에 지속적으로 지식도 업데이트해야 할 필요성도 느끼게 된다. 그래서 읽는 것에 명확한 목적과 의미를 크게 둘 수 있고 지식을 자신의 것으로 체화시키는 데에도 더욱 큰 힘을 쏟게 되는 것이다.

이러한 책 쓰기를 아웃풋 활동으로 유지한다면 그 분야의 전문가로 인정받게 되어 개인 브랜딩에도 역시 도움이 된다. 책을 쓰면 아무래도 영향력이 생긴다. 같은 말을 학교 선생님에게서 골백번 듣는다면 잔소리겠지만 책 속 한 줄에는 나도 모르게 고개를 끄덕이며 동의를 표할 때가 있다는 것을 생각해 본다면 그 영향력이 이해될 것이다.

많은 사람이 내게 직장에 다니면서 어떻게 책을 썼는지에 대해 문의한다. 나는 내가 직장인이었기 때문에 시간을 더욱 계획적으로 쪼개서 책 쓰기를 할 수 있었다고 답한다. 그럼 내 대답을 들은 사람들은 놀라며 나를 쳐다보곤 한다. 하지만 사실이다.

스코틀랜드의 시인이자 소설가인 월터 스콧 역시 젊은 시절 법률사무소에서 서기로 일하며 퇴근 후 저녁에 글을 썼고 독서했다. 그의 일화가 담긴 새뮤얼 스마일스의 『생각부터 바꿔라』에서 스콧은 훗날을 이렇게 회상했다.

"작가들은 자칫하면 게을러지기 쉬운데 내가 조금이나마 근면한 습성을 몸에 지니게 된 것은 하루 종일 따분하고 판에 박힌 직장 생활을 했던 덕택이었다."

스콧의 말에 동의하지 않을 수 없다. "직장을 다니지 않고 24시간이 온전히 내게 주어졌다면 과연 더 빨리 원고를 끝낼 수 있었을까?"를 자문한다면 나는 "아니오"라고 자답한다. 물론 가끔은 글 쓸 시간이 부족해 아쉽기는 하다. 그래도 규칙적으로 시간 활용을 할 수 있는 것은 내가 직장인이기 때문이다. 새벽에 일어나 글을 쓰고 주말에는 약속을 거의 잡지 않는다. 출퇴근하는 지하철 안에서 독서를 하고, 회사 점심시간에 사색에 잠기면서 글을 쓰다 보면 하루가 알차게 간다. 내가 해냈으니 나는 직장인들에게 직장에 다니면서도 충분히 자기 계발을 겸한 책 쓰기를 할 수 있다고 말하고는 한다.

책 쓰기도 다른 일과 마찬가지로 어렵게 생각하면 어려운 일이지만, 반대로 생각하면 도전할 수 있는 일이다. 배를 만드는 조선소에서는 강판을 자를 때 물을 사용한다. 보통의 물을 고압으로 분출시키는 기계로 철판을 향해 예리하게 레이저를 쏘듯이 쏘아 대면 그 어떤 폭풍에도 견디는 선박용 후판30cm가 넘는 두꺼운 철판도 두부 자르듯 잘린다. 한 곳에 집중하여 힘을 뿜어내고 있기 때문이다.

이제 흩어진 소중한 경험과 지식, 생활 속의 다양한 소재를 모두 모아 '책 쓰기'라는 한 목표를 향해 세찬 물줄기를 쏠 때이다.

독서의 기술이
곧 삶의 기술이다

　동화세상에듀코 김영철 대표는 엄청난 독서광으로 유명하다. 그는 한 인터뷰에서 다음과 같이 독서에 대한 애정을 드러냈다.

　"하루에 한 권씩 읽는다. 전체를 읽는 것이 아닌 책의 핵심만 읽기 때문에 가능하다. 하나를 딱히 꼽긴 어렵지만 최근엔『책은 도끼다』, 『통찰로 경영하라』,『일 공부』등을 재밌게 읽었다. 책을 읽는 이유는 새로운 지식과 정보가 빠르게 유입되기 때문이다. 기존의 지식과 새로운 지식이 융합됐을 때 창조가 나온다. 일이 잘 안 되는 사람들은 같은 방법을 계속 시도하기 때문이라고 생각한다. 끊임없는 융합을 통해 변화를 일으켜야만 한다."

　책을 좋아하는 사람들도 모두 자기 나름대로 읽는 방법이 있다. 발췌독을 하거나, 정독, 혹은 속독법으로 빨리 책을 읽기도 한다. 가장 좋은 독서의 기술은 평소에 책을 가까이하는 것이다.

책을 읽은 사람들 모두가 성공한 것은 아니지만, 성공한 사람들은 모두 독서를 좋아하는 사람들이라는 것은 사실이다. 아니 정말 치열하게 책과 가까이하려고 애썼던 사람들이다. 이들에게 있어 독서는 곧 삶이며 책을 읽는다는 것 그 자체가 기술이기 때문이다. 그래서 그들의 성공 키워드에는 항상 '독서'가 있다. 빌 게이츠 역시 책을 사랑하는 사람 중 한 명이다. 그는 독서에 대해 이렇게 말한 바 있다.

"지금의 나를 만든 것은 동네의 공립도서관이었다. 훌륭한 독서가가 되지 않고는 참다운 지식을 갖출 수 없다. 멀티미디어 시스템이 정보 전달 과정에서 영상과 음향을 많이 사용하지만 문자 텍스트는 여전히 세부적인 내용을 전달하는 최선의 과정이다. 나는 평일에는 최소한 매일 밤 한 시간, 주말에는 3~4시간의 독서 시간을 가지려고 노력한다. 이런 독서가 나의 안목을 넓혀 준다."

어린 시절에 길렀던 독서 습관은 그가 다 자라고 나서도 그리고 세계 최고의 갑부가 되고 나서도 변함이 없었다. 그는 여전히 책을 통해 자신의 성공을 이어 가고 있는 셈이다.

가장 존경받는 정치가 중의 한 사람인 영국 총리 윈스턴 처칠은 어린 시절 학교 부적응아였다. 하지만 후에 그는 많은 책을 쓴 저술가이자 웅변가로도 널리 이름을 떨치게 되었다. 그는 언젠가 자신의 가장 큰 즐거움은 독서라고 술회한 바 있다. 그는 철학, 경제, 정치학 등 고전 독서를 통해 훗날 격조 높은 문장과 연설문을 남길 수 있었다. 또 『세계의 위기』, 『제2차 세계대전』 등의 책을 저술해 정치인으로서는 극히 드물게 1953년 노벨문학상을 받는 쾌거를 이루었다.

만약에 윈스턴 처칠이 책을 가까이하지 않았다면 그는 어떤 인생을 살았을까? 난독증을 앓았던 그는 글을 제대로 읽을 수 없는 탓에 제대로 된 해석을 할 수 없었다. 그 결과 성적은 늘 거의 하위권에서 맴돌았다. 이런 그를 세계적인 정치가로 발돋움 시킨 힘은 바로 독서였다. 그래서 그는 자주 사람들에게 자신의 성공 비결을 독서라고 말했다.

이들 모두 어렸을 때부터 많은 책을 읽었던 사람들이다. 여러 분야의 책을 접하면서 그 작가의 지식과 사상, 철학, 경험까지 모두 자신의 것으로 만들었기 때문에 성공할 수 있었다. 지혜는 지식과 사고, 경험 등이 어우러져야 발현되기 때문에 남보다 다양한 지식을 축적하고 간접경험을 풍부하게 한 이들이 남다른 지혜로 인생을 경영하고 성공한 것이 결코 이상한 일이 아니다.

링컨은 가난한 농부의 아들로 태어나 9세에 어머니를 여의고 어려운 생활을 보냈다. 그는 23세 때 시작한 사업에 실패하고 그 후에는 약혼녀도 갑작스럽게 사망했다. 심지어 의원 선거에서도 몇 차례의 실패를 맛보았다. 하지만 그는 넘어지고 깨질 때마다 다시 오뚝이같이 일어서서 도전한 사람이다.

어렸을 때 링컨에게 꿈을 심어줬던 책은 『워싱턴 전기』였다. 그는 이 책을 읽고 대통령의 꿈을 품을 수 있었다. 그리고 『톰 아저씨의 오두막』은 그가 노예해방을 다짐할 수 있는 계기를 만들어 준 책이었다. 무엇보다도 『성경』은 그가 갖은 고난과 실패 속에서도 자리를 다시 찾고 장애물들을 뛰어넘어 꿈을 성취해 나갈 수 있었던 원동력이었다. 독서야말로 링컨의 꿈을 이루게 한 원천이었다. 그는 독서의 위력에 대해 의미심장한 말을 남겼다. "한 권의 책을 읽는 사람은 두 권의 책을 읽는 사람에게 지배를 받는다."

그는 기본적으로 정독하는 것을 좋아했다. 마음속에 무언가를 깊고 선명하게 새기기 위해서였다. 그의 독서 방법은 기본적으로 다음과 같다.

첫째, 독서에 재미를 붙여라.
둘째, 필요한 책은 반드시 구입하라.
셋째, 좋은 책은 달달 외울 때까지 읽어라.
넷째, 항상 책을 가지고 다녀라.
다섯째, 책을 읽으며 상상의 나래를 펴라.

현재 젊은 사람들의 스펙은 이전 세대보다 좋다. 고등 교육은 거의 다 받았고, 대학은 필수 코스처럼 다녔다. 그야말로 머릿속에는 아직 사용 히기나 꺼내 보지도 못한 지식으로 가득 차 있다. 하지만 정작 가장 중요한 것을 배우지 못했다. 지식을 어떻게 꺼내 써야 하는지 그리고 인생에 어떻게 적용하면 좋을지 잘 모른다.

스펙은 단순히 축적된 지식에 불과하다. 그 지식으로 어떻게 삶을 이끌어 나갔는지에 대해서는 아무도 가르쳐 준 적이 없고, 자라면서 우리 또한 배운 적이 없다. 하지만 자기의 세계를 구축했던 사람은 자신의 지식과 경험을 지혜로 만드는 시도를 묵묵히 해 왔다. 아무도 가르쳐주지는 않았지만 스스로 삶의 방법을 터득해 나갔다.

비록 그 방법이 다른 사람들이 보기에는 안쓰럽고 이상해 보일지라도 그들 나름대로 확고한 인생의 룰을 세우며 지켜왔다. 그런데 우리는 바로 이들처럼 할 수가 없다. 엄두가 나지 않기 때문이다. 하지만 살아가는 데 있어서 지혜와 경험은 꼭 필요하다. 그래서 책을 가까이해야 한다.

책 속에서 만난 수많은 다른 사람들이 도대체 어떻게 자신의 삶을 운용해 갈 수 있었는지 그 방법을 만나고 배워야 한다. 이 일은 누군가가 대신해 줄 수 있는 것도 아니고 하루아침에 익힐 수 있는 어떤 기술도 아니다. 스스로 자기에게 맞는 방법을 구하고 적용해야 한다. 적용하기 전에 연습을 충분히 할 수 있다면 좋으련만 인생에 연습은 없다. 그러니 더더욱 책과 함께해야 한다.

책과 함께 산다는 것은 깨어서 이 연습에 동참하겠다는 의지의 표출이다. 누구나 자신의 삶을 바꾸고 싶은 열망을 마음속에 간직하고 있다. 책은 타인의 삶이자 읽는 사람의 삶이다. 이들의 삶을 돌아볼 때 자기의 삶에 다가올 정체를 피할 수 있고 마음의 열망을 잊지 않을 수 있을 것이다.

가장 확실한 투자는
책값에 쓰인 돈이다

20대에 펀드에 약 2000만 원이라는 거금을 투자한 적이 있다. 당시 내 전 재산이라고 해도 과언이 아닐 그 돈을 모두 펀드에 투자했을 때에는 적어도 20% 이상의 수익률을 바랐다. 당시에 잘나가는 펀드는 보통 그 정도의 수익률을 자랑했기 때문이다.

내가 이 펀드에 2000만 원이나 투자했던 것은 이 펀드의 최소 가입 금액이 1000만 원이었기 때문이다. 그리고 당시 뜨거운 이슈 한가운데에 자리 잡고 서 있던 이 증권사를 믿었던 탓도 있다. 하지만 몇 년이 지나도록 내 원금은 마이너스 50%의 수익률에서 벗어나지 못했다. 내 잘못은 자명했다. 무조건 인기가 많은 펀드에 '묻지마' 투자를 한 것. 이것이 내 실패의 원인이었다. 내 손에는 반 토막 난 금액만이 쥐어졌다.

정말 아까운 돈이었다. 하지만 계속 아까워만 하고 있을 수는 없었다. 일단 가슴이 쓰라렸기 때문에 어떻게 해서든지 빨리 이 일을 잊어야 했다. 당시에 나는 '차라리 복권으로 1000만 원어치를 샀다면 1등에 당첨될 수도 있지 않았을까?'라는 생각을 해 보기도 했다. 하지만 뉴스에서 한 가장이 퇴직금으로 받은 돈의 상당 부분을 1등 당첨을 바라보며 산 복권에 쏟아부었지만 당첨되지 못했다는 소식을 접하고는 이런 상상도 후회도 모두 접었다.

그렇다면 어떻게 해야 후회 없는 투자를 할 수 있을까? 머니투데이의 〈줄리아 투자노트〉에서는 부자와 빈자의 다섯 가지 차이에 관해서 설명하고 있다. 이 다섯 가지에서 우리는 투자처를 찾을 수 있다.

첫째, 부자는 성공에, 빈자는 오락에 초점을 맞춘다.
둘째, 부자는 신문을 읽고 빈자는 TV를 본다.
셋째, 부자는 조용하고 빈자는 시끄럽다.
넷째, 부자는 깨끗하고 빈자는 지저분하다.
다섯째, 부자는 투자하고 빈자는 소비한다.

부자들은 만나면 성공과 새로운 아이디어 혹은 기부 등에 초점이 맞춰진 대화들이 오가지만 빈자의 대화 화제는 대부분 재미있는 가십거리나 자극적인 뉴스거리와 관련되어 있다. 부자들은 신문이나 책 등에서 많은 것을 읽으려고 한다. 이것이 타인의 마음을 읽고 향후 자신이 나아갈 바를 예측하고 읽어낼 수 있는 실마리를 제공하기 때문이다. 읽을거리를 가까이하며 생각할 시간을 확보하는 부자는 조용하다. 하지만 빈자는 읽어 낼 필요 없는 TV를 보며 하루 스트레스를 푼다. 이와 관련해서 부자는 조용하고 빈자의 주변은 시끄럽다는 것을 유추할 수 있다. 결국 부자와 빈자의 차이는 돈 문제가 아니라 인생을 대하는 '생활 태도'에 문제가 있다는 것을 알 수 있다.

많은 사람이 인맥의 확장이나 사업을 위해서 혹은 강연으로 도움을 받을 영감을 얻기 위해서 등 여러 가지 이유로 강연에 참여한다. 이때에도 무료 강연과 고가의 강연 참가자들의 태도가 다를 때가 있다.

무료나 저렴한 강연은 강연 내용이 아무리 좋다 하더라도 중간에 무슨 일인지 왔다 갔다 하는 사람들이 종종 눈에 띈다. 심지어 중간에 나가서 아예 돌아오지 않는 사람도 있다. 하지만 십만 원 단위가 넘어가고 백만 원 이상이 되는 고가의 강연에 가면 많은 사람이 돈을 투자 개념으로 쓰고 있다는 것을 알 수 있다. 일단 강연을 위해 그날 스케줄을 잘 조정한다. 강연 당일에도 정시에 도착해서 착석한다. 강연 중에는 절대로 왔다 갔다 하지 않는다. 비싼 강연이니만큼 강연 중간에 니기는 일도 없다. 소비와 투자로 나눈다는 것은 이렇듯 마음가짐에도 지대한 영향을 끼친다는 것을 알 수 있다.

책을 구입할 때도 마찬가지이다. 과연 나는 책을 구입하기 위해 쓰는 돈을 어느 개념으로 보고 있는지가 지금 독서를 하기 위한 마음가짐을 좌우할 것이다.

저명한 교육학 박사이자 시치다 차일드아카데미 교장인 시치다 마코토는 공저『성공한 사람들의 독서습관』에서 다음과 같이 말했다.

"한 달에 적어도 30권에서 50권의 책을 읽기 바란다. 가령 평균 3권을 읽는 사람이 있다면 그 사람은 전혀 읽지 않는 사람보다 세 배 이상 살아 있는 지혜나 지식을 몸에 익힐 수 있을 것이다. 30권을 읽는 사람은 월평균 3권을 읽는 사람보다 열 배의 지혜나 지식을 얻게 된다. 그러면 그 차이는 분명하게 드러난다."

시치다 마코토의 말에 일리가 있다. 다독가들과 대화를 해 보면 막힘이 없다는 것을 알 수 있다. 다독가들의 특징은 바로 책을 구입하는 데에 있어서는 누구보다 빠르다는 것이다. 그들은 책을 구입해서 읽는 것이 남의 경험과 지혜를 자신의 것으로 흡수할 수 있는 최고의 방법이라는 것을 잘 알고 있다.

물론 그의 말대로 하자면 하루에 한 권 이상의 책을 읽는다는 의미가 되기 때문에 시도해 보는 것 자체를 포기할 수도 있다. 그리고 혹자는 '30권이면 대체 얼마야?'하며 돈이 많이 든다고 생각할 수도 있다. 하지만 평생직장 개념이 무너진 현시점에서는 지식을 습득하고 통찰력을 기르는 문제는 곧 생존과 직결되어 있다. 그래서 치열한 독서를 결코 무시할 수가 없다.

피터 드러커는 일찍이 현대 사회에서는 지식이 생산수단이 되었다고 지적했다. 이 지식을 서로 교차시키고 새로운 정보를 끄집어낼 수 있으려면 단순히 지식을 지식으로만 머물지 않게 해야 한다. 깊게 생각하고 현실에서 끊임없이 책의 내용을 적용하고 시도하는 작업을 해야 자신이 가지고 있는 주관적인 세상을 변화시키고 창의력을 키울 수 있다. 이렇게 하려면 한 달에 한두 권 읽는 것으로는 기대했던 만큼의 변화를 끌어내기는 힘들 것이다.

성공한 사람들 모두 과하다 싶을 정도의 독서량을 자랑한다. 물론 이들은 책꽂이에 방대한 양의 책을 가지고 있다. 하지만 이들은 성공하기 전에도 이미 많은 책을 소유했었다. 결코 구입할 만한 좋은 책을 여기저기에서 빌려 보면서 그 책의 가치를 떨어뜨리는 일을 하지 않았고, 동시에 그 책을 보는 자신의 가치 역시 지켰다는 점은 투자가 무엇인지 아는 사람의 공통된 특징이다.

때때로 우리는 보이지 않는 것의 가치가 더 크다는 것을 알면서 간과한다. 사랑, 희망, 도전 정신, 자신감 등은 보이지는 않지만 살아가는 데 있어서, 성공이나 더 드높은 이상을 향해 갈 때 실질적으로 돈이나 외적인 조건보다 훨씬 중요할 때가 많다. 책에 대한 투자 역시 마찬가지이다. 지금 당장 쓴 돈만큼의 빛을 반하지는 않는 것 같지만 서서히 그 가치를 드러내는 가장 큰 원석이다.

모든 공부의
시작은 독서다

　우리나라는 독서와 공부를 철저하게 이분법적으로 보고 있다. 책을 읽고 자신의 생각을 적어 내야 하는 논술 시험에서도 좋은 성적을 얻기 위한 논술 대비용 교재가 따로 있다. 그렇다 보니 학생이 어쩌다 하는 독서는 시험공부에 방해되는 취미 정도로만 여겨지기도 한다. 직장인이 되어서도 마찬가지이다. "실전이 중요하다."는 말 앞에서 독서는 취미나 교양의 영역으로만 치부되는 경향이 많다. 하지만 독서야말로 학생이나 어른 모두에게 성적이나 직업적인 성과를 위한 공부의 기초가 된다.

　우리 뇌에는 언어를 관장하는 두 가지 영역이 있다. 하나는 베르니케 영역이고, 다른 하나는 브로카 영역이라고 한다. 베로니케 영역은 측두엽 위쪽에 자리 잡고 있는데 언어능력이나 지식수준이 뛰어날수록 두꺼워지는 경향을 보인다. 브로카 영역은 전두엽 쪽에 있으며 주로 언어 구사 능력과 관련이 깊어서 뇌의 언어영역에서 처리된 정보를 입을 통해 표현하도록 통제하는 기능이 있다.

좋은 책을 많이 읽는 것은 언어 능력에 영향을 주고 이를 바탕으로 여러모로 질문을 해 보고 나름대로 공부하는 것은 새 정보를 받아들임과 동시에 받아들인 것을 정리하고 사고를 확장해 주는 역할을 할 수 있어서 이 두 영역이 골고루 균형 있게 발달할 수 있다.

천재 남매로 잘 알려진 쇼 야노와 사유리 야노는 책 읽는 것을 누구보다 좋아한다. 몇 년 전 오빠인 쇼 야노는 한 인터뷰에서 이렇게 말했다.

"독서는 연습의 시작이에요. 제가 다른 사람들보다 독서를 많이 하기 때문에 다른 사람보다 연습을 많이 했을 거예요."

그가 타고난 천재이기는 하지만 그의 말처럼 누구보다 독서를 좋아했기에 좌뇌와 우뇌가 골고루 광범위하게 발달할 수 있었다. 운동으로 근육을 단련하듯이 일정한 훈련을 통해서 뇌가 발달하고 성숙해지면 더 빠른 시간에 방대한 양의 정보를 처리하고 받아들일 수 있기 때문이다. 동생인 사유리는 이렇게 말했다.

"책을 많이 읽으면 지식의 구조와 기술을 배울 수 있어요. 그런데 텔레비전은 오직 보고 듣기만 합니다. 그래서 이미지를 보고 해석하라고 하면 어려울 거예요."

쇼 야노는 21세에 의학박사가 되고 여동생도 마찬가지로 훌륭한 음악학교에 일찍 입학했다. 이 남매가 천재이기 때문에 독서로 이들이 이렇게 자랄 수 있었는지에 대해서는 의문이 들 수도 있다. 하지만 이들에게 만약 책이 없었다면 그 천재성이 발휘될 수 있었을까. 타고난 어느 정도까지는 발휘되어 수재는 되었을지 모르지만 지금처럼 모두가 천재라고 인정하는 남매로 자라지는 못했을 것이다. 이 남매는 독서가 자신에게 끼친 영향을 잘 알고 있기에 독서를 강조하는 것이다.

직장인들은 천재가 되는 것을 목표로 책을 읽을 필요는 없다. 다만 독서가 직간접적으로 뇌에 긍정적인 영향을 끼치며 자신의 잠재력을 끌어올릴 수 있는 매개체로서 중요한 역할을 한다는 것을 알 수 있을 것이다.

학습 부진아로 초등학교를 그만두어야 했던 에디슨의 이야기를 잘 알고 있다. 학교에서 포기한 에디슨을 그의 어머니는 절대로 포기하지 않았다. 어머니는 아들이 부진아라고 생각하지 않았다. 그래서 그를 데리고 도서관을 가기 시작했다. 어린 에디슨은 이내 책에 푹 빠지게 되었고 디트로이트 도서관을 통째로 읽게 되었다. 그는 어렸을 때 열차 판매원을 하기도 했는데 신문이나 물건을 가지고 나가서 팔고 저녁에 열차 타고 돌아오면 남는 시간에 무조건 책을 펼쳤다. 이런 독서 습관은 자라서도 변함이 없었다. 에디슨은 잠자는 일도 잊어버리고 먹는 일도 잊어버린 채 독서를 했던 적도 있다. 그래서 친구인 밀튼은 에디슨에게 "너, 그렇게 책만 읽다가는 죽어!"라고 경고하기도 했다.

에디슨의 발명품을 보면 책이 근간이 된 경우가 많다. 백열전등을 발명할 때에는 가스등에 관한 논문과 보고서를 모두 읽고 조사했으며 전화를 발명할 때에는 『자연과학의 학교』에서 읽은 내용이 그에게 도움을 주었다. 전차를 발명했을 때 역시 20년 전에 디트로이트 도서관에서 읽은 것을 토대로 했다. 에디슨은 이처럼 자신이 많은 발명품을 만들 수 있었고 그 와중에 지치지 않게 도와주었던 책의 힘을 잘 알고 있었다. 그래서 훗날 도서관을 설립하기에 이르렀다.

독서의 장점은 분명하다. 현대사회의 경쟁은 갈수록 치열해지고, 이 속에서 발전하고 성장하려면, 무엇보다도 경쟁력을 갖춰야 한다. 경쟁력은 현장에서의 경험으로 단련되기도 하지만 일하면서 현장의 경험은 대부분 비슷하게 체득한다. 그래서 차별화 될 수 있는 것이 무엇인지를 생각해야 하는데 그 생각을 바로 독서가 도울 수 있다.

직장인들은 특히나 독서를 통해서 지식을 새로 흡수해야 한다. 대학을 막 졸업할 때 약 40%의 지식이 있다면 졸업 후에 일 년 동안 책을 읽지 않으면 가지고 있는 지식의 80%가 소용이 없으며 삼 년이 지나면 99%가 소용이 없다. 지식의 업데이트를 위해서라도 끊임없이 독서해야 하고 매일 읽는 습관을 들여야 한다. 독서하는 것이 자기가 가진 지식을 기억 속에 유지하고 업그레이드시킬 뿐만 아니라 장기적으로 봤을 때 도태되지 않는 방법이다.

아시아에서 최고의 갑부라고 알려진 리자청은 무일푼에서 최고의 자리에 오른 사람이다. 그는 어렸을 때 『시경』, 『논어』 등 유교 경전을 탐독하면서 올바른 삶이란 무엇인가 진지하게 고민했다. 사실 그는 중학교를 중퇴했지만 이런 책들을 꾸준히 읽으면서 지금의 성실한 인품을 체득했다. 이런 습관은 어른이 되고 사업을 한다고 해서 바뀌지 않았다. 그는 잠자리에 들기 전 반드시 30분 독서를 한다고 한다. 그는 자신이 가진 것은 지혜와 학습, 노력뿐이라는 각오로 초창기의 어려움을 극복했다. 그가 플라스틱 조화造花를 사업 아이템으로 생각한 것도 〈모든 플라스틱〉이라는 영어 잡지에서 얻은 아이디어였다.

그는 "책에서 배운 지식과 현장에서 배운 업무 능력을 결합하는 것이 가장 이상적이다."라고 했다. 책을 통해 쌓은 지식으로 대그룹을 이루고 올바른 성품으로 존경받는 기업인이 된 것이다.

많은 사람이 공부를 위한 모든 밑천을 독서에서 찾고 있다. 어렸을 때부터 길러졌으면 더 좋았을 습관이지만 직장에 다니게 되면 필요 때문에 책을 찾게 되는 경우가 많다. 필요로 무언가를 한다는 것은 그 자체로 충분한 동기부여가 될 수 있다. 자신이 해야 하거나 하고 싶은 일에 대한 지식과 기반을 보다 넓히는 기회를 지금 다시 갖는다는 마음으로 책을 대한다면 앞으로 어떤 공부를 하든 더 적극적으로 시작할 수 있을 것이다.

책에서
배움을 얻어라

운동이나 외국어를 배울 때 노력과 꾸준함은 무척 중요하다. 이 두 가지 요소가 바로 노하우를 만들어 주기 때문이다. 내 중국어 발음의 노하우는 바로 '자기 발음 녹음하기'에 있다.

중국어를 처음 독학하던 중학교 2학년 때 나는 발음과 성조라는 것을 몰랐다. 배우고 싶은 열망이 커서 무작정 EBS 교재를 샀을 때는 진도가 이미 나간 후라 발음을 배우던 때도 아니었다. 그래서 나는 방송을 모조리 녹음했다. 그리고 내 발음도 다른 테이프에 녹음해서 항상 중국인 선생님의 것과 비교했다.

녹음된 두 테이프를 번갈아 들으면서 내가 듣기에 중국인 강사와 내 발음이 똑같아질 때까지 내 발음을 녹음하고 또 녹음하기를 몇 주하고 나니 발음과 성조를 익힐 수 있었을 뿐만 아니라 그날 배우는 짧은 본문도 다 외울 수 있었다.

사실 중국어를 배우기 전에 내게 중국어를 배우고 싶은 마음을 불러일으킨 일이 두 가지 있었다. 하나는 평소의 내 독서 습관이었다. 어렸을 때부터 국사를 좋아했던 나는 인접국 중에 중국에 관심이 있었다. 그래서 중국사에 관련된 책을 구입해서 보고는 했다. 당시에 중국인이나 중국어와 접해본 적이 한 번도 없었기에 책을 읽으면서 '중국인들도 한문을 쓰는 나라니까 우리나라에서 읽는 대로 읽지 않을까?'라고 생각하고는 했다.

그러던 어느 날, 우리 집에 드디어 비디오가 설치되었고 이연걸의 「보디가드」라는 영화 비디오를 빌려 보게 되었다. 그 영화에서 나오는 중국 배우들을 보며 그들은 우리나라 사람이 한자 읽는 방식과는 전혀 다른 방식으로 말한다는 것을 깨달았다. 내겐 이것이 큰 매력으로 다가왔다.

독서와 이연걸. 이 둘의 결합이 나를 중국어의 세계로 안내했다고 해도 과언이 아니다. 독서는 중국에 대한 관심을 불러일으켰고 이연걸의 영화는 내게 중국어의 매력을 알게 해 준 셈이니 만약 책이 없었다면 중국에 관심을 두지도 못했을 것이고 중국어에도 흥미를 느끼지 못했을 것이다.

독서는 자신의 부족한 것을 채워 준다. 중학생 때 나는 해야 할 공부에 큰 흥미가 없었지만 중국 역사책이 내 마음을 채워 주며 관심거리를 알게 해 주었다.

공자는 "배우기만 하고 생각하지 않으면 얻는 것이 없고, 생각만 하고 배우지 않으면 위태롭다."고 했다. 열심히 배우고 생각하는 것은 독서하면서 누구라도 지향해야 할 태도이다. 독서와 사색은 원래 하나의 과정이어야 한다. 특히 이 사색이 자신을 알아가는 여정이라면 더더욱 필요한 것이다. 나를 아는 것만큼 중요한 것은 없기 때문이다.

책은 사람에게 결코 해답을 주지 않는다. 자기계발서 역시 마찬가지이다. 다른 고전이나 인문 서적보다는 읽기 쉽고 결말이 있어 명쾌한 해석을 내려주는 책 종류이긴 하지만 저자에 따라 시각이 다르고 무엇을 중점에 두고 서술했느냐에 따라서도 다르다. 결국 어떠한 곳에서 어떤 배움을 얻었는지는 모두 읽는 독자에게 달린 셈이다.

희망이라고는 찾아볼 수 없는 감옥에서 누구보다 치열하게 책을 읽었던 사람이 있다. 고故 김대중 대통령이다. 그에게는 책으로 만난 '정신의 스승'이 있다. 바로 토인비다. 그의 책 『역사의 연구』를 통해 김대중 대통령은 인류 역사에 대해 생각해 보며 그 법칙을 깨달을 수 있었다.

최근에 미국에 주식을 상장하면서 더욱 유명해진 알리바바 그룹의 마윈 회장은 수학 성적이 나빠서 고등학교를 재수했고 대학에도 불합격했다. 그 후 생계를 위해 겨우 잡지사에 취직해서 고단한 생활을 하고 있던 어느 날 우연히 루야오의 소설 『인생』을 읽고 인생의 깨달음을 얻었다. 그는 소설 속 주인공이 끊임없이 이상을 추구했다는 내용에 크게 매료되었다. 그래서 일을 그만두고 다시 대학에 도전하기로 결심했다. 하지만 두 번째 대입 도전도 실패로 끝났다. 그는 이번에는 포기하지 않기로 결심하고 주경야독하며 누구보다 최선을 다했다. 그 결과 삼수로 대학에 입학할 수 있었다.

많은 사람이 같은 책을 읽지만 푹 빠져 읽지는 않는다. 하지만 한 권의 책은 자신을 알아가는 데 있어서 가장 중요한 연결 고리가 될 수 있다. 한 사람의 생활 방식을 결정하며 더 나아가 그 수준까지 결정지을 수 있기 때문이다. 그래서 정말로 자신에 대한 공부, 세상에 대해 공부가 하고 싶다면 우선 책을 사랑해야 한다.

『인생 10년을 바꾸는 하루 10분 습관』의 저자 이내화는 다음과 같이 말한다.

"독서를 하자면 나름대로 여유도 필요하지만 가장 중요한 것은 절실함이다. 인생의 목표가 없으면 독서도 어려워진다. 독서는 당장 안 해도 지장이 없기 때문이다. 그렇다고 안 할 수도 없다는 생각이 든다면 일단 '수7침3법'을 실행해 보자. '수7침3'이란 바로 손에 70분, 잠자리에 30분을 쓰라는 뜻으로 깨어 있는 순간에는 책을 놓지 말라는 이야기다. 그러면 책은 당신과 한 몸이 된다. 물론 그 책은 낡아 못 쓰게 될지도 모른다."

책을 우선순위에 둔다는 생각을 원칙으로 책과 함께해야 한다. 읽을 때는 항상 자신을 생각해야 한다. 자신을 책에 투영시켜 읽어야 많은 것을 얻을 수 있다. 좋은 내용은 계속해서 마음에 담아 두려고 애쓰며 저자가 말하고자 하는 진정한 의미를 파악하려고 노력해야 한다. 사실 책이 없어도 혼자서 이것저것 생각은 가능하다. 하지만 걱정이나 불안 등 도움이 되지 않는 생각들일 경우가 많다. 책으로 사색하는 것은 이와 다르다. 이야기를 재구성하면서 자신에 대해 돌아보기도 하고 미래를 가늠하는 생산적인 생각을 하기 때문이다.

특히 현대사회는 수명이 많이 늘어난 고령화 사회이며 지식 기반 사회이기 때문에 평생을 공부해야 하는 시대다. 이런 사회에서 꾸준한 학습을 위해서도 독서는 기본이다. 물론 모든 사람이 읽었다고 해서 그 지식을 다 자신들의 손안에 쥘 수 있는 것은 아니다. 자기의 일이나 생활, 평소에 가지고 있던 생각 등과 결합할 수 있어야 하고 그 속에서도 선택적으로 배워 나가야 한다.

이 선택의 폭을 넓혀주고 관점을 바꿔 볼 수 있게 도와주는 것이 바로 독서다. 다양한 책을 읽고 여러 사상과 철학을 접하고 그것을 익혀 나가면서 혼자만의 고정관념을 깨뜨리고 사고를 확장할 수 있는 기회가 책을 통해 주어진다. 이 기회를 자신에게 많이 주면 줄수록 우리는 기대한 것 이상을 얻을 수 있을 것이다.

사람은 읽는 대로
만들어진다

간혹 재벌과 떠들썩한 결혼식을 올린 연예인들이 몇 년 함께 살지 못하고 이혼했다는 소식을 여러 매체를 통해 접하고는 한다. 나와는 전혀 상관없는 일이긴 하지만 그래도 잘 사는 모습을 보여 주면 좋을 텐데 참 안타까운 소식이다. 그런데 조금만 달리 생각해 보면 이것은 정해진 절차나 마찬가지인 일일지도 모른다. 소위 "재벌"이라 불리는 그들만의 독특한 문화로 뭉친 집단에서 예쁘고 잘생긴 외모에 대한 관심은 지속적인 힘을 발휘하지는 못할 것이다. 한순간의 호기심이 익숙함으로 변하게 되면 어느 순간 섞일 수도 없고 섞이지도 않는 것이다.

책과 가까이하는 사람은 책을 읽지 않는 사람들과 거리감을 느끼게 되는 순간을 가끔 맞이한다고 한다. 아무리 이전에 친했더라도 책을 읽지 않는 사람과는 대화 섞기가 쉽지 않음을 깨닫는 것이다. 책이라는 문화를 가진 사람과 없는 사람의 격차가 벌어지기 시작하는 것이다.

책을 읽지 않는 사람들은 책을 많이 읽는 사람을 "책벌레", "이상주의자"라고 칭하면서 책 속에 갇혀서 있다고 생각하는 경향이 있다. 하지만 정작 책을 읽지 않은 사람들이야말로 자신의 생각과 관점은 바꾸려는 시도도 하지 못한 채 절대로 바뀌지 않으려고 한다. 그리고는 자신의 생각 속에 머물면서 남들과는 말이 통하지 않거니와 남들은 자신을 이해하지 못하고 현실도 파악하지 못한다고 개탄한다. 하지만 이들이 정작 이해하지 못하는 것 중에 가장 소중한 것은 바로 자기 자신이다.

헨리 데이비드 소로우는 『월든』을 통해 이렇게 말한다.

"그대의 눈을 안으로 돌려 보라. 그러면 그대의 마음속에 이제껏 발견하지 못한 천 개의 지역을 찾아내리라. 그곳을 답사하라. 그리고 자기 자신이라는 우주학의 전문가가 되라."

자기 자신이라는 드넓은 우주학을 공부하고 이에 대한 전문가가 되고 싶다면 여러 가지를 경험해 보고 느껴 봐야 한다. 하지만 한 사람이 모든 것을 다 경험하고 느낄 수는 없고, 경험했다고 하더라도 생각의 폭은 한정될 수밖에 없다. 그래서 사람에게는 책이 필요하다.

한 통계에 의하면 청소년 비행, 청소년 범죄 수감자 중 80%가 책 읽기 능력이 부족하다고 한다. 반대로 말하면 책을 읽는 청소년일수록 범죄를 저지를 확률이 낮다는 말과 같다. 자신에 대해 하나씩 알아가기 위해 노력하는 이들과 그렇지 못하고 방황의 길에 들어서서 빠져나오지 않는 사람들의 결과가 판이하게 다른 것은 예측 가능한 일일지도 모른다.

독서가 지식과 정보의 창구 역할뿐만 아니라 인격 형성에도 크게 영향을 미칠 수 있다는 것을 이 통계를 통해 알 수 있다. 비단 유년기나 청소년기의 시절뿐만이 아니다. 이미 다 자란 후이긴 하지만 성인이 된 후에도 책은 늘 읽는 사람의 머리와 마음에 적지 않은 영향을 미친다.

민들레 영토의 지승룡 소장은 목사였지만 이혼 경력 때문에 교회에서 쫓겨나 힘겨운 생활을 했다. 그때 그를 버티게 한 것이 바로 책이었다. 그는 2년 동안 무려 2천여 권의 책을 읽고 난 후에 포장마차를 시작해서 몇 달 만에 모은 종잣돈으로 오늘날의 민들레 영토를 만들 수 있었다.

싱가포르의 총리 리콴유는 "독서는 나에게 많은 정보를 제공해 주었습니다. 그런데 독서가 주는 더 큰 유익은 그것이 항상 나의 상상력을 자극한다는 점입니다. 나는 독서가 제공하는 상상력으로 지금의 싱가포르를 만들었습니다. 지금의 싱가포르는 나의 독서 상상이 하나의 실체로 나타난 것일 뿐입니다."라고 말하며 독서를 통해 얻은 상상력을 바탕으로 만들어지는 세상이 있다는 것을 보여 주었다.

책만 읽는다고 해서 변화가 물 흐르듯이 이루어지는 것은 아니다. 무엇보다도 책 속의 내용을 받아들이려는 마음 자세가 중요하다. 수용의 자세 없이 책만 읽는 독서는 크게 소용이 없다. 책으로 자신이 생각하지 못했던 것을 접했다 하더라도 "이건 그저 저자의 생각일 뿐이지. 내 생각과는 전혀 다른 걸."이라고 생각한다면 어떤 책을 읽어도 변화는 쉽게 일어나지 않는다. 하지만 열린 마음이 조금이라도 있다면 책은 그 무엇보다도 큰 깨달음을 주고 변화의 문을 열어준다.

'줄탁동시啐啄同時'라는 말이 있다. 병아리가 안에서 쪼는 것을 줄啐, 어미 닭이 밖에서 알을 쪼는 것을 탁啄이라고 한다. 이 두 가지 일이 함께 일어나야 껍질이 완벽하게 깨지게 되는 것이다. 사람은 혼자서는 '줄'의 작업밖에 할 수 없기 때문에 '탁'의 역할을 해 주어야 할 무언가가 필요하다. 그것이 바로 책이다.

책이 탁의 역할을 할 수 있는 것은 일찍이 『홍길동전』의 허균이 말한 것처럼 독서는 사람에게 이로움을 주고 해로움을 주지 않기 때문이다. 율곡 이이가 책을 읽을 때는 몸을 가지런히 하고 맘을 정갈하게 하라고 가르침을 주는 것 역시 책이 탁의 역할을 제대로 할 수 있기 때문이다. 또한 조선 중종 때의 성리학자인 이언적은 책을 읽으면서 내 마음을 바로잡고, 거울을 보면서 내 모습을 바로잡는다고 했다. 책이 밖에서 나를 일깨워 줘야 마음과 정신을 바로잡을 수 있는 것이다.

프랑스 사회학자 니콜 라피에르는 "오늘날 우리의 모습은 우리가 읽은 것의 결과다. 우리가 읽은 그 모든 책은 우리들의 기억 속에 스며들어 우리가 세상을 보는 법, 느끼는 법, 생각하는 법에 영향을 미친다."라는 말로 책이 사람에게 얼마나 큰 영향력을 미칠 수 있는가에 대해 강조했다.

사람은 읽는 대로 만들어진다. 생각뿐만 아니라 철학과 가치관, 인생관 등 모든 것은 영향권 아래에 놓일 수 있다. 특히 책은 세뇌의 작용이 있다. 읽는 대로 내가 만들어질 수 있는 이유이다. 그러니 진정으로 바라는 자신의 모습이 있다면 읽어서 만들고 또 재구성해 보자.

독서로 스스로를
경영하라

전 세계가 인정하다시피 유대 민족은 세계에서 가장 창의력이 뛰어난 민족이다. 세계 인구의 0.23%밖에 되지 않는 이 민족이 20세기에 645명의 노벨 수상자 중 121명을 배출했고 그 비중이 약 18.5%에 이른다.

미국에서 유대 민족의 인구 비중이 2%밖에 되지 않지만 부유층의 2/3가 유대인이다. 창의력이 뛰어나다는 말은 앞서갈 뿐만 아니라 변화에도 능동적으로 대처할 수 있고 그 이상을 예측하고 실현하는 데에도 뛰어나다는 의미이기도 하다. 그들이 이렇게 훌륭한 민족이 된데에는 잘 알려졌다시피 어렸을 때부터 책과 함께 사는 것이 자연스러웠기 때문이다. 성경을 비롯하여 많은 책과 함께하며 자신들에게 닥친 과제를 어떻게 훌륭하게 헤쳐 나갈지에 대해 탐구하고 생각했기 때문이다.

일본에서 유일한 사장 전속 컨설턴트인 스기야마 히로미치는 그의 저서에서 불공평한 것을 불평할 시간에 지금 현실에 주력하는 것이 합리적이며 원래 불공평한 것이 세상이라고 받아들인다면 마음 편히 지금의 일을 할 수 있을 것이라고 했다.

그렇다. 지금 자신의 처지를 불평할 시간에 차라리 문제에 대한 조언을 구해 볼 생각을 하는 것이 훨씬 현명한 일이다. 스스로 인생을 경영해 온 사람은 절대 불평으로 허송세월하지 않았다. 어떤 경험이든 언제 어디서든 활용할 수 있기 때문이다. 그 어떤 순간에도 자신이 겪은 일들을 모두 소중히 해야 한다. 그러니 당장 만족하는 일이 아니라 할지라도, 혹은 의미 없어 보이는 일이라도 순간순간 일단은 최선을 다해야 한다.

미래는 준비하는 사람의 것이다. 미래를 위한 준비란 자신의 관심 거리를 제대로 파악하고 목표를 세운 후 자신이 꿈꾸는 분야의 성공한 사람들에게 배우는 것이다. 현시점에서 준비가 필요한 이유는 점점 살기 어려워지고 있기 때문이다. 동시에 독서가 인생에 꼭 필요한 가장 큰 이유는 생존과 직결되어 있기 때문이라고 말해도 과언이 아니다. 이노우에 히로유키의『배움을 돈으로 바꾸는 기술』에서 우리는 현실적인 조언을 접할 수 있다.

"양극화는 시스템의 비극인 것이 확실합니다. 그러나 돈이 현실이 듯 양극화 역시 우리 앞에 닥친 현실입니다. 이 풍랑에 휩쓸려 빈곤의 극단으로 몰리지 않기 위해서는 개인 차원에서라도 극복하는 수밖에 없습니다. 이를 위해서는 가장 먼저, 양극의 어느 쪽에 속할 것인지를 선택하십시오. 세계적 현상에 속수무책 끌려갈 것이 아니라 자신의 운명이니만큼 스스로 선택하는 의지를 보여야 합니다. 그리고 그 의지는 배움에 대한 강한 의욕으로 드러납니다. 중략 앞으로 오랫동안 혹독한 시대가 이어질 것입니다. 이제 의지할 수 있는 것은 자신의 능력뿐입니다. 배움으로 자신을 연마하고 인맥을 키워온 사람은 어떤 시대에도 가치를 잃지 않을 것이라 확신합니다."

청담동에 본사를 둔 준오헤어는 본사 직원의 10%가 억대 연봉자다. 미용 사업을 이렇게 크게 키울 수 있었던 것은 친절함을 무기로 내세운 준오헤어의 CEO 강윤선 씨가 있기 때문이다. 그녀는 지독한 가난을 이기고 오늘의 빛나는 자리에 오른 성공인이다. 그녀는 『우먼센스』와의 인터뷰에서 다음과 같이 말했다.

"제가 미용 사업을 다른 방식으로 할 수 있었던 비결은 책에 있다고 봐요. 가난해서 남들만큼 많이 배우진 못했지만 책을 읽으면서 간접 경험을 했죠. 작가 한 사람의 영혼을 압축해서 담아놓은 게 책입니다. 1만~2만 원에 '간디 오빠'의 삶까지도 들여다볼 수 있으니 이것만큼 좋은 경험이 어디 있겠어요?"

책의 힘을 경험한 그녀는 18년 넘게 직원들에게 독서 교육을 진행해 오고 있다. 매달 지정된 필독서를 읽고 토론회에 참석해야 하는 것이 직원의 의무인데 이 때문에 퇴사한 직원도 있다고 하니 독서로 혹독한 교육을 하는 것으로 생각할 수도 있겠지만 호기심이나 경험이 없으면 미용에도 발전이 없다는 것이 그녀의 신념이다. 그녀 자신을 변화시켰고, 성장시켰던 책의 힘을 누구보다 잘 알고 있기에 자기 자신뿐 아니라 회사의 경영 그리고 직원들의 교육에 책이 빠질 수 없었다.

일본 사회를 대표하는 지성인 다치바나 다카시는 『나는 이런 책을 읽어 왔다』에서 이렇게 충고한다.

"대학에서 얻은 지식은 대단한 것이 아니다. 사회인이 되어서 축적한 지식의 양과 질, 특히 20, 30대의 지식은 앞으로의 인생을 살아가는 데 결정적인 역할을 하는 중요한 것이다. 젊은 시절에 다른 것은 몰라도 책 읽을 시간만은 꼭 만들어라."

지식이 늘 변하긴 하지만 세상은 더 빠른 속도로 변화한다는 것은 이제 두말할 필요가 없다. 변화를 받아들이려면 같이 변화해야 한다. 변화가 낯설지 않기 위해서는 끊임없이 새로운 것을 경험할 토대가 있어야 하고 자극 받아야 하는데 바로 책이 이 역할을 해 줄 수가 있다.

어떤 사람이라도 책을 통해 배우고 그것을 실천하는 중에 능력을 키우게 된다. 물론 자신을 수양하고 미래를 준비하는 것이 무조건 독서만 한다고 해서 되는 일은 아니다. 조금이라도 생각하고 어떤 미래를 펼칠 것인지에 대해 끊임없이 고민하는 노력도 필요하다. 그래서 앞으로의 인생이 중요하다면 다음 세 가지 질문에 답이 나올 수 있어야 한다.

첫째, 어떤 책을 읽고 있는가?

둘째, 지금 어떤 장소에 있는가?

셋째, 지금 누구를 만나고 있는가?

어떤 책을 읽고 있는가는 향후 자신의 인생 방향의 항로를 결정지어 주는 중요한 역할을 하게 된다. 지금 목표가 모호하다면 책 속에서 여러 사람의 이야기와 인생을 통해 자신의 내면을 탐색하는 일부터 시작하면 된다. 자기를 아는 것이야말로 모든 일의 시작점이기 때문이다.

지금 어떤 장소에 있는지도 중요하다. 대부분의 사람이 학교나 회사 혹은 집과 같은 편한 장소에서 많은 시간을 보낸다. 이런 익숙한 장소가 아니라 자기를 성장시켜 줄 수 있는 사람들이 많이 모인 곳에 자주 가고 있는지를 확인해야 한다.

특히 자기의 꿈과 관련된 장소에 가서 같은 곳을 바라보고 있는 사람들과 모인다면 좋은 자극을 받을 수 있다. 마지막으로 자주 만나는 사람이 누구인가를 확인해야 한다. 아무리 좋은 책을 읽고 좋은 장소에 있다 하더라도 인간관계야말로 자기의 운을 나쁜 운과 좋은 운으로 판가름 내는 열쇠이기 때문이다.

세상은 점점 혹독하고 더욱 냉정한 사회가 되어갈 것이다. 이러한 사회 속에서 우리는 자신을 잃지 않고 살아남아야 하며 그 와중에 변화를 꾀하고 한층 더 발전을 이루어야 한다. 내 삶을 변화시킨다는 것은 결국 깨달음에서 시작된다. 한발 더 나아가기로 다짐했을 때에야 비로소 추운 겨울이 오래 지속돼도 그 속에서 제대로 살아갈 수 있는 자신의 방식을 모색할 수 있다.

책이야말로 어지러운 변화의 폭탄 세례 속에서 그것을 어떻게 받아들이고 어떤 길로 나아갈지를 보여 주어 자신만의 해법을 찾게 도와줄 것이다.

Epilogue

거북이가 되는 것을 두려워 말자

책을 마치면서 문득 옛날 생각이 났다. 한 8년 전쯤이었는데 친한 언니가 아이를 낳았다. 약 200일이 지난 후에 아기를 보러 갔었다. 언니는 내게 이렇게 말했다.

"우리 애가 벌써 말을 한다."

"어머, 정말?"

태어난 지 이제 200일도 안 된 아이가 말을 한다고 해서 말로만 듣던 천재 아이인가 싶었다. 유심히 아이를 관찰한 결과 사실 그 아이가 말을 한 것이 아니라는 것을 알게 되었다. "어뻐뻐뻐", "아바바바"식의 옹알이를 듣고 언니는 내게 벌써 "아빠"라고 정확한 발음으로 말한다고 자랑한 것이었다. 나는 그런 언니가 귀엽기도 하면서 딸 바보 엄마의 탄생을 짐작하기도 했다. 아마 모든 부모님들이 옹알이를 하는 자녀를 보며 말을 했다고 좋아했던 기억이 있을 것이다. 그리고 '아이

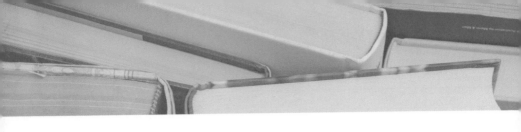

가 혹시 수재나 천재가 아닐까?' 하는 기대를 했을지도 모른다. 예전에 우리 어머니도 내가 세 살 당시에 했던 행동을 말씀하시며 이렇게 말씀하셨다.

"좀 남다른 줄 알았지."

이유인즉슨 세 살 정도 된 아이들은 슬리퍼의 왼쪽 오른쪽을 구별하지 못해서 바꿔 신기 일쑤인데 나는 그런 적이 한 번도 없었다는 것이다. 늘 왼쪽과 오른쪽을 정확하게 구별해서 신었고 주변의 친인척 분들이 그런 나를 신기해하셨다고.

나도 수재나 천재로 기대받을 때가 있었던 것이다. 하지만 나는 수재나 천재가 아니었고 그저 평범한 사람이다. 그것도 조금은 늦된.

평범한 사람이 두려워하는 게 한 가지 있다면 그것은 나이를 먹는 것이다. 특히 한 해를 돌아볼 시점이 되면 '지난 일 년 동안 과연 내가 이루어 놓은 것은 무엇인가?' 곱씹게 되는데 이때 딱히 생각나지 않는다면 나이만 먹는 자신을 탓하게 된다. 나도 역시 마찬가지였다. 그런데 책을 읽으면서 조금씩 달라지기 시작했다. 관점이 서서히 변한 것이다. 책 속에서 내가 고민하는 것이 무엇인지, 혹시라도 그 고민을 풀 수 있는 실마리는 없는지 찾아보면서 나를 이해하려 했고, 더 보람찬 미래를 꿈꾸기 시작했다. 사실 책과 함께하지 않았던 20대 때에는 무턱대고 혼자서 이러한 고민을 하느라 머리가 아플 지경이었다. 하지만 책을 읽게 되었던 30대에는 고민도 혼자 하는 것이 아니고 누군가 의지할 상대가 생긴 느낌이었다. 그리고는 내가 진짜 원하는 삶이 무엇인지 찾아야겠다는 생각을 하게 된 것이다.

현실적으로 30대 이후에 꿈을 찾겠다고 하면 많은 사람들이 지금 하는 일이나 열심히 하라고 한다. 나도 지금 직장을 포기하고 무조건 좋아하는 일을 하러 무소의 뿔처럼 가라고 하지 않는다. 나 역시 직장생활을 하고 있다. 내 생계를 위한 밥벌이는 중요한 일이다. 그래서 좀 더 부지런해져야 했다. 나는 현재 직장에 다니면서 내가 할 수 있는 일, 하고 싶은 일을 천천히 해 나가고 있다. 다행히 우리 회사의 퇴근 시간이 그다지 늦지 않아 가능한 것도 있었지만 새벽에 일어나기, 주말에 책 보기, 원고 쓰기 등 내 시간을 쪼갰던 일련의 노력들도 있었다.

내 삶을 어떻게 꾸려 나가고 원하는 일을 어떻게 해 나갈 것인가에 대해서 20대, 10대에 생각해 보고 시도했더라면 좋았을 일들을 30대 중반에 이르러서야 하나씩 해 나가면서 '내가 많이 늦되네!'라고 생각할 때도 있다. 물론 10대, 20대에 확고하게 무언가를 찾아 하면 가장 금상첨화다. 하지만 30대, 결코 늦은 나이가 아니다.

　독서 역시 마찬가지다. 10대, 20대를 거치며 수천 권의 책을 읽은 사람들이 파다하다. 사실 이런 분들에 비하면 서른 즈음 책을 읽기 시작한 나는 아직 읽은 책이 수천 권에 달하지는 않는다. 하지만 책은 본인을 위해 읽는 것이지 꼭 누군가가 알아봐 주길 기대하며 탐독하는 것이 아니기에 직장에 다녀도, 나이가 있어도 누구든지 지금 시작할 수 있다. 다만 다른 사람과 비교하며 본인은 너무 늦게 독서에 뛰어들었다고 생각하지는 말자. 지금이야말로 책을 손에 들 때이다.

　천천히 시작하고, 책 속에 자신을 투영해 가며 읽자. 늦게 시작한 만큼 더 빨리 독서를 통해 지식을 쌓든 인격이 좋아지든 어떤 결과를 보고 싶은 마음이 드는 것은 나도 잘 안다. 하지만 느린 거북이가 꾸준함으로 결승전에 먼저 안착했듯이 거북이가 되는 것을 두려워 말고 꾸준히 책을 통해 가장 넓은 세계와 만나고 가장 소중한 자신이라는 세계와 소통하길 바라본다.

참고 문헌

- 법정,『살아 있는 것은 다 행복하라』, 류시화 편, 조화로운삶, 2006
- 김정진,『독서불패』, 자유로, 2005
- 정문택, 최복현 공저,『도서관에서 찾은 책벌레들』, 휴먼드림, 2009
- 안계환,『성공하는 사람들의 독서습관』, 좋은책만들기, 2011
- 공병호,『공병호의 공부법』, 21세기북스, 2012
- 김해등,『책에는 길이 있단다』, 샘터, 2013
- 앤서니 라빈스,『네 안에 잠든 거인을 깨워라』, 조진형 옮김, 씨앗을뿌리는사람, 2008
- 이희석,『나는 읽는대로 만들어진다』, 고즈윈, 2008
- 니시야마 아키히코,『30대, 다시 공부에 미쳐라』, 김윤희 옮김, 예문, 2008
- 로버트 치알디니,『설득의 심리학』, 황혜숙 옮김, 21세기북스, 2013
- 헨리에트 앤 클라우저,『종이 위의 기적, 쓰면 이루어진다』, 한언, 2004
- 구본준, 김미영 공저,『서른살 직장인 책읽기를 배우다』, 위즈덤하우스, 2009
- 나루케 마코토,『책, 열권을 동시에 읽어라』, 홍성민 옮김, 뜨인돌, 2009
- 최효찬,『잠자기 전 30분 독서』, 위즈덤하우스, 2011
- 박상배,『인생의 차이를 만드는 녹서법 본깨석』, 예담, 2013
- 신영란,『내일을 상상해 봐 오프라 윈프리』, 문이당어린이, 2012
- 루스 애슈비,『모든 책을 읽어 버린 소년, 벤저민 프랭클린』, 김민영 옮김, 미래아이(미래M&B), 2008

미래를 희망으로 가득 채우는
'책'을 많이 읽으시고
행복한 에너지가 팡팡팡
샘솟으시기를 기원드립니다!

권선복
도서출판 행복에너지 대표이사
한국정책학회 운영이사

21세기는 스펙이 주도하는 시대입니다. 취업을 위해 다양한 종류의 스펙을 쌓아야 하고 그 이후에도 자기계발을 게을리할 수 없습니다. 조금만 머뭇거려도 현대사회에서는 금세 뒤처지기 때문입니다. 그렇다면 스펙을 쌓기 위해 가장 효율적인 방법은 무엇일까요? 단언컨대 그 첫째로 책을 꼽을 수 있습니다. 인터넷에는 주체할 수 없을 만큼 엄청난 양의 정보가 넘쳐나지만 그중 자신에게 가장 필요한 것을 찾기란 쉽지 않습니다. 또한 그 정보 역시 지금 자신에게 가장 필요한 것인가에 대해서는 늘 물음표가 따르기 마련입니다. 명강사에게 강의를 듣는다 해도 그때뿐인 경우도 많습니다. 늘 생각거리를 던지고 자아가 갇힌 틀을 깨게 하는 담력과 도전정신을 기르는 데에는 역시 책만 한 것이 없습니다.

『책은 미래다』는 인류의 가장 위대한 유산 중 하나인 책의 힘이 얼마나 위대한지에 대해 자세히 설명하고 있습니다. 평범한 직장인이었던 저자는 오직 책의 힘을 빌려 자기계발을 거듭하고 자신이 원하는 삶을 찾아내 하루하루를 행복하게 보낸다고 합니다. 자신의 발전을 위해 책을 어떻게 활용할지, 책을 통해 미래를 개척하는 과정은 무엇인지에 대해 다양한 경험과 깊은 성찰을 통해 전하고 있습니다. 자신의 행복을 타인도 느낄 수 있도록 모든 노하우를 아낌없이 이 책에 담은 저자에게 큰 응원의 박수를 보냅니다.

일부 미래학자들은 책의 종말에 대해 이야기하곤 합니다. 하지만 수많은 성인과 위인들은 책을 통해 평범한 인생을 역사를 뒤바꾸는 위대한 인생으로 거듭나게 했습니다. 책이 인류역사에 미친 영향은 짧은 글을 통해 다 설명할 수 없으며 그 흐름은 여전히 뜨겁게 이어지고 있습니다. 이 책이 대한민국의 미래를 짊어질 청년과 청소년들에게 귀감이 되어주길 기대하오며, 모든 독자분들의 삶에 행복과 긍정의 에너지가 팡팡팡 샘솟으시기를 기원드립니다.

일본해와 백두산이 마르고 닳도록...

김광우 지음 | 값 12,000원

책 『일본해와 백두산이 마르고 닳도록』은 동해의 명칭 표기에 관한 금기와 불편한 진실은 과연 무엇인지를 소설이라는 형식을 빌려 이야기하고 있다. 동해와 일본해 병기를 위한 우리 정부의 노력은 무엇이며 어떠한 결과를 가져올 것인가에 대해 심도 있는 연구와 자료 수집을 통해 제시하고 있다.

왜 행복경영인가

가재산 지음 | 값 18,000원

책 『왜 행복경영인가』는 '한국형 인사조직 연구회'에서 심도 있는 연구 끝에 선별한 '한국형韓國型 GWP' 현장 사례를 소개하고 있다. 각각 'K-GWP' 부문의 대표주자인 '마이다스아이티, 대정요양병원, 서린바이오사이언스, 동화세상에듀코, 쎄트렉아이, 여행박사, 유한킴벌리, 필룩스, 한국 콜마' 등 9개 기업을 상세히 소개하고 있다.

새로운 리더십 새로운 지도자

임한필 지음 | 값 15,000원

책 『새로운 리더십 새로운 지도자』는 '임한필' 박사가 전하는 문무겸전으로서의 여정을 담은 책이다. 자신의 인생역정을 바탕으로 문무겸전을 갖추기 위해 반드시 필요한 태도와 정신, 실행과 도전에 대해 다양한 사진과 글을 통해 전하고 있다. 또한 고향 땅인 광주 광산구의 밝은 미래를 위해 청사진을 제시하면서 나름대로의 당찬 포부를 밝히고 있다.

북한 핵 무력의 세계 정체성

박요한 지음 | 값 20,000원

책 『북한 핵 무력의 세계 정체성』은 시간, 북한, 핵 무력, 김정은에 대해 개념부터 다시 짚어 보면서, 우리나라가 앞으로 20년 전쟁의 승리를 위해 어떻게 할 것인가를 상상할 수 있도록 구성되었다. 운명 정체성 이론을 핵 무력에 적용한다는 독특한 발상을 통해 핵 무력의 기원과 성격, 진화 과정과 미국에 의한 지구적 안보 권력으로의 네트워킹 과정을 기술하고 있다.

연탄 두 장의 행복

이재욱 지음 | 값 13,500원

현재 부천작가회의 회장이자 수주문학상 운영위원으로 활동 중인 이재욱 소설가의 『연탄 두 장의 행복』노년층, 이혼녀, 불법체류 외국인 등이 우리 사회에서 겪는 참담한 현실을 생생히 전한다. 제목과는 완전히 다른, 섬뜩한 결말을 담고 있는 『연탄 두 장의 행복』을 필두로 총 아홉 편의 단편소설들이 환희와 슬픔, 불행과 행복을 그려내고 있다.

조력자의 힘

서윤덕 지음 | 값 15,000원

여군 출신의 한 여성이 부모로, 사업의 조력자로, 강사로 살아가며 타인의 행복한 삶을 위해 늘 노력하고 열정을 쏟는 과정에 대해 담은 책이다. 군 생활 중 전우애를 통해 타인을 돕는 기쁨의 참된 의미를 깨닫고 이를 우리 삶에 어떻게 적용할 것이며, 그 작은 도움 하나가 우리 사회를 얼마나 행복하고 풍성하게 만드는지를 가슴 따뜻한 글발로 엮어 내었다.

잘나가는 공무원은 어떻게 다른가

이보규 지음 | 값 15,000원

9급 말단에서 1급 고위공무원으로 나아가는 과정을 경험을 토대로 세세히 기술하고 다양한 자기계발 소스들을 중간중간에 삽입하여 재미와 실용이라는 두 마리 토끼를 한꺼번에 잡아내었다. 한국강사협회와 삼성경제연구소에서 선정한 '명강사'인 만큼 스토리텔링의 탄탄함은 독자의 흥미를 끌기에 충분하다.

긍정에너지

권선복 외 32인 지음 | 값 20,000원

여기 각자의 분야에서 나름대로 성공을 거둔 33인의 멘토가 있다. 수많은 난관을 극복하고 끝내 행복한 삶을 성취한 그들만의 특별한 비결은 과연 무엇일까. 책 『긍정에너지』는 성공을 거머쥐기 위해 반드시 갖춰야 할 자세 '긍정'의 힘이 얼마나 위력적인지를 다양한 목소리를 통해 들려준다.

하루 5분 나를 바꾸는 긍정훈련

행복에너지

'긍정훈련'당신의 삶을 행복으로 인도할
최고의, 최후의 '멘토'

'행복에너지 권선복 대표이사'가 전하는
행복과 긍정의 에너지, 그 삶의 이야기!

권선복

도서출판 행복에너지 대표
대통령직속 지역발전위원회
문화복지 전문위원
새마을문고 서울시 강서구 회
한국정책학회 운영이사
영상고등학교 운영위원장
아주대학교 공공정책대학원 졸
충남 논산 출생

국민 한 사람, 한 사람이 모여 큰 뜻을 이루고 그 뜻에 걸맞은 지혜
로운 대한민국이 되기 위한 긍정의 위력을 이 책에서 보았습니다.
이 책의 출간이 부디 사회 곳곳 '긍정하는 사람들'을 이끌고 나아
가 국민 전체의 앞날에 길잡이가 되어주길 기원합니다.

　　　　　** 이원종 대통령직속 지역발전위원회 위원장

'하루 5분 나를 바꾸는 긍정훈련'이라는 부제에서 알 수 있듯 이 책
은 귀감이 되는 사례를 전파하여 개인에게만 머무르지 않는, 사회 전
체의 시각에 입각한 '새로운 생활에의 초대'입니다. 독자 여러분께서
는 긍정으로 무장되어 가는 자신을 발견할 수 있을 것입니다.

　　　　　** 최 광 국민연금공단 이사장

권선복 지음 | 15,0